# 指数基金投资至简

天弘指数基金研究小组
丁学梅　黄泥　王潞怡　王煜慧　张恒昕　著

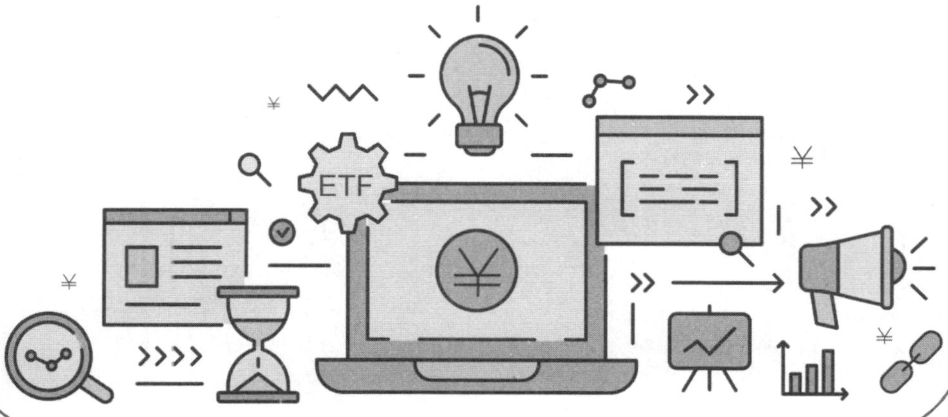


中信出版集团 | 北京

**图书在版编目（CIP）数据**

指数基金投资至简 / 丁学梅等著 .-- 北京：中信出版社，2019.7 (2019.9重印)

ISBN 978-7-5217-0384-9

Ⅰ . ①指…　Ⅱ . ①丁…　Ⅲ . ①指数－基金－投资 Ⅳ . ① F830.59

中国版本图书馆 CIP 数据核字（2019）第 068680 号

**指数基金投资至简**

著　　者：丁学梅　黄泥　王潞怡　王煜慧　张恒昕

出版发行：中信出版集团股份有限公司

（北京市朝阳区惠新东街甲 4 号富盛大厦 2 座　邮编　100029）

承 印 者：北京诚信伟业印刷有限公司

开　　本：787mm × 1092mm　1/16　　印　　张：14　　字　　数：169 千字

版　　次：2019 年 7 月第 1 版　　印　　次：2019 年 9 月第 2 次印刷

广告经营许可证：京朝工商广字第 8087 号

书　　号：ISBN 978-7-5217-0384-9

定　　价：59.00 元

# 序言一

在刚刚过去的2018年，公募基金行业迎来了20周岁生日。20年来，公募基金行业坚持市场化、法治化、国际化原则，始终秉承信托精神，不断改革发展创新，在鲜明的制度优势背景下，开展专业、规范的运作，推动投资者理财观念的转变，提升资产管理行业的制度水准。回望整个大资管行业，公募基金是最具代表性的资产管理业态，是信托关系落实最充分的资产管理行业，是投资者权益保护最为充分的大众理财行业。

秉承“受人之托、代人理财”的理念，公募基金的核心价值是建立在信托信任的基础上，履行谨慎勤勉职责、践行普惠金融使命的。但由于过去A股基础市场波动性大、熊长牛短等，在权益类公募基金领域建立广泛的群众信任基础并非易事。

目前在主动管理权益基金领域，仅有少数基金公司及产品非常成功地建立了投资者信任，产品开放募集时投资者蜂拥而至。就这一现象进行归因，投资者并非简单地在为优秀的历史业绩买单，而是在为这些产品未来可持续的优秀预期业绩买单。优秀的历史业绩可以被完美地解释成基金管理人长期坚持价值投资理念并在该理念下积累出能力圈，叠加相对完善的公司治理和团队传承机制，投资者可以做线性推演——这些产品未来在中长期内会持续保持优异。

相比在主动权益领域投入精力、培养专业能力精挑细选，在指数基金领域建立投资者信任的门槛更低且绝对担负得起信任的力量。因为这份信任在理论上可依托于严谨的数学证明，又有美国指数基金发展的成功故事可借鉴。

指数化投资缘起于投资组合理论的发展，用一句话来总结就是：从长期趋势来看，没有人能够持续战胜市场。这里有两个关键词，一个是长期，一个是持续。这句通俗的话背后屹立着两个堪称经典的数学理论证明：1952 年，马科维茨（Markowitz）的均值方差理论告诉我们，增加股票数量可以使收益率不变，但是非系统性风险会下降，所以要分散投资；1964，当代金融学的基石理论——资本资产定价模型（CAPM）的推论告诉我们，每个人的最优组合一定是市场组合（指数）和无风险资产的某个配比，至于每个人的配比差异则取决于风险偏好的差异。基于此背景，世界上第一款指数型基金产品，于 1976 年由先锋领航集团（The Vanguard Group）发行。著名华裔物理学家张首晟曾说过：In Math We Trust（我们的信任是建立在数学证明上的），在技术领域区块链让陌生人之间建立起信任关系，而这种信任关系是建立在密码学上的，因此牢靠。同理，指数基金管理人和客户之间的业绩信任，也是由投资组合理论的数学证明来保障的。

美国指数基金领域过去 40 多年的发展，恰恰从实践层面证明了其价值之卓著，发展空间之广阔。根据先锋领航集团的统计，截至 2017 年，美国指数基金的市场份额已经超过全市场基金规模的

35%。仅仅在最近10多年间（2005—2017年），美国权益类指数基金的规模就从5 480亿美元增长到2.74万亿美元，翻了5倍。指数基金在美国蓬勃发展主要得益于美国基础市场的长期发展，股市给力到足以建立起国民信仰。而指数基金成本低、高度透明、投资分散，能长期跑赢很大一部分主动基金，是非常好的分享资本市场投资红利的工具。此外，美国的养老金制度也为指数基金产品创造了巨大的投资者配置需求。

对比而言，中国的指数基金发展仍在初期，但增长势头良好。根据中信证券的统计，在过去五个季度中，指数基金工具数量和规模持续增长，在全市场公募基金中的市场占比也稳定提升。截至2018年年底，国内指数基金的市场份额已超过全市场公募基金（非货币）的14%，不过相比于美国指数基金36%的市场占比，当前国内指数基金市场仍有较大的发展空间。展望未来，中国指数基金发展空间广阔。首先，从基础市场投资环境来看，伴随着中国资本市场供给侧改革的推进，指数基金将面临更好的投资环境、迎来更加长足的发展，并能更好地服务于实体经济。其次，从需求端来看，监管积极推进完善养老金制度、引导长期配置资金入市，指数基金的投资和配置需求迫切。最后，从供给端来看，指数基金投资跟踪标的还有研究、优化和完善的空间，公募基金应在指数化投资领域加强专业研究、创新求进，拓宽投资范围、优化投资策略，更好地服务和匹配投资者需求，做大做强指数基金业务，反哺实体经济。

值此指数基金阔步向前之际，天弘基金顺应市场需求，推出了指数基金工具书。书中专业详尽地阐述了指数基金的工具价值，梳理了各种类型投资者在指数基金上的投资实践经验，提炼了指数基金从入门到高阶投资的方法论，展望了指数基金未来的发展方向。

总结而言，这不仅仅是一本框架系统的工具书，还能很好地兼顾专业性、可读性和实用性，相信小白投资者、机构投资者、基金从业者等均能从书中获益。

洪　磊

中国证券投资基金业协会会长

# 序言二

这本最终被命名为《指数基金投资至简》的书，源自天弘业务团队2018年下半年着手准备的一份业务报告。彼时，一方面，天弘系列指数基金已经上线3年，我们在实践中增进了对这项业务的认识；另一方面，中国大陆的权益市场持续低迷数年，指数基金这样一个产品类别似乎正在酝酿发展的生机。作为致力于持续拓展指数基金业务的团队，我们希望系统梳理这项业务从理论到实践、从国际借鉴到本土发展的方方面面，尤其是将天弘系列指数基金在线运营3年来积累的近1 000万个人客户的行为数据进行分析和呈现，对指数基金业务在中国的拓展进行展望及规划，以表持续耕耘之志、尽推动行业之责。

指数、指数投资、指数基金业务，既有其系统的理论基础，也有国际市场的成功实践，同时也酝酿和展现着其中国特色和前景。在此，我从客户和理财生态的视角，分享自己的一些观察和思考。

第一，我国的社会投资文化正在升级。2008年金融危机以来，随着权益市场的持续低迷，以银行理财产品为代表的刚性兑付（简称刚兑）或准刚性兑付产品逐渐成为理财市场的主流。一方面，大众投资者的风险偏好不断降低，对刚兑产品的追逐成为其主要投资选择；另一方面，金融机构在刚兑产品的供应方面不遗余力。二者互相强化，形成了强大的刚兑式投资文化，本金安全、无风险高收益成为需求端的主要投资预期，而供给端又创造出各种刚兑和准刚兑模式，甚至演化为“庞氏骗局”。这种社会投资文化，既是权益市场不振的反应，一定程度上也成为制约权益投资发展的因素。虽然现金管理和固定收益投资是金融服务的重要组成部分，也是客户的一种固有需求，但过度追逐无风险高收益、权益投资缺失的投资文化不足以支持客户做好财富管理、解决人生问题，也不能促进金融有效支持实体经济。

长期来看，权益投资承担本金风险，具备超出无风险回报的风险回报，对客户而言是理财规划必不可少的资产类别，也在相当程度上是经济发展的动力。在打破刚兑达成共识和鲜明政策取向的背景下，权益投资的意义更加凸显。

那么，权益投资文化的形成路径是什么？上一轮比较持续的、国民参与度较高的权益投资浪潮是在2006—2007年，当年入市的客户应该至少是20世纪80年代初期出生的。那么，我们可以认为，新的理财人群并不具备完善的股票投资的心智。客户在线行为的普及以及业界与在线平台的共同推动，使简单清晰、低门槛、低成本的指数基金越来越受到客户的关注和青睐。可以说，对于大众投资者而言，指数基金是其参与权益投资的入门级产品，也是我国投资文化再造的重要工具和载体。

第二，指数基金将借助互联网红利得以持续发展。我国的互联网尤其是移动互联网普及率全球居首[1]，判断一项业务的发展路径和前景，必须看其与客户在线行为的契合程度。与固定收益领域的货币基金类似，权益投资领域的指数基金天然与互联网结缘。从客户端看，如上文所述，指数基金以其简单清晰、低门槛、低成本等特点，是客户最容易理解和接受的品种；从互联网平台角度看，指数基金以其适合客户在线行为、容量大、场景化前景丰富等特点，成为平台培养客户权益投资心智、提升一站式服务能力、争夺新兴投资人群的不二之选。从2013年开始，以余额宝为代表，基金理财与互联网完美结合，并推动了一场普惠的理财教育。我们有理由相信，在权益投资再度兴起的背景下，指数基金完全可以融入这一进程，推动全民权益投资的普及。

第三，指数基金将伴随投资顾问（简称投顾）服务得以推进。对于普通客户而言，从刚兑和准刚兑产品到指数基金，是一个不小的跨越。指数基金作为权益投资的“大路货”[2]，诚然有上述种种优势，但它波动大、本金有风险、对投资方式要求较高，也确实是客户形成投资心智的障碍和促进投资行为的现实困难。因此，指数基金搭载投顾服务，既是解决“基金行业投顾服务缺失，基金赚钱、客户赔钱”这一长期痛点的有效方案，也是指数基金得以健康发展的保证。从过去6年的探索中我们体会到：面对在线客户，借助互联网平台和技术，拓展在线投顾服务，不仅是必须的，也是可行的。这个领域，大致有两个发展方向：一是交易流程投顾化，基于权益投资尤其是指数基金投资的客户痛点，对现行交易流程进行必要的改造，使之既不像货币基金那样“极致简单”，也避免传统

---

① 资料来源：东方智库，全球互联网使用情况报告。

② 大路货，指市场上量大面广，常服务于普通大众的产品。

基金交易的纯“通道化”，通过恰当的流程和交互，客户在交易的每一步都能获得必要信息、思考必要问题、获得必要工具；二是投顾服务产品化，将资产配置及其再平衡、风险管理、投资期限、投资方式等投顾服务，做成可交易的工具和产品，使客户在购买和持有这些产品时就享受相关的投顾服务。随着云计算、大数据等互联网技术的深入运用，这些服务可以向个性化和客户定制化方向发展。指数基金是这些服务的良好标的和工具。通过这些努力，指数基金可以为客户创造价值。

在这本书的出版过程中，中国权益市场已经发生了显著的变化。股市的功能定位、市场估值分位、资本市场的开放和制度变革等因素，都使业界和客户对权益投资的信心显著增强，A 股主要指数均有了 30% 以上的上涨。如果资本市场的优化与经济转型发展形成良性互动，中国资本市场迎来股市的持续发展，那么我们可以期待，指数基金在中国会具备良好的发展契机，中国也会产生可以比肩先锋领航集团和贝莱德集团（BlackRock）的机构。更重要的是，在不远的未来也许可以用这样的描述来说明本书的初衷：通过长期的积累和行业参与者的努力，指数基金在中国为亿万普通大众创造了价值，推动了行业的健康发展，书写了指数基金的中国故事。

周晓明

天弘基金副总经理

# 前言

权益投资犹如品茶，它可能会苦一阵子，但不会苦一辈子，投资者只要找到适合自己的投资品种，终会苦尽甘来，享受它带来的投资成果。指数基金作为一种简单、清晰、费率低的投资品种，在国外已经取得长足的发展。“股神”沃伦·巴菲特（Warren Buffett）、“基金教父”约翰·博格（John Bogle）都对指数基金青睐有加。在国内，2018 年指数基金迎来了一次发展的小高潮，受到了不少投资者的关注。正所谓“授人以鱼不如授人以渔”，我们希望通过讲述指数基金国际大师的故事、国内用户的故事、投资界意见领袖的故事，并辅以指数基金的理论和各种投资方法，帮助用户更好地了解指数基金，感受指数基金的力量，更好地利用指数基金这一工具来满足自己的理财需求。

向大众普及投资的重要性我们已经有了一定的认知，但应该选什么投资品种，目前还处于众说纷纭的状态，投资者也较为迷茫。本书的第一章向大家介绍了一款简单、清晰、费率低的投资工具——指数基金。对于普通投资者，指数基金是最适合的投资工具，既适合投资新手，也适合忙碌的上班族，他们不用盯盘即可跟上市场行情。我们从“投资股票还是指数基金，投资主动基金还是指数基金”两个选择题出发，阐述了指数基金的优势。

指数基金起源于美国，并且它在国外已经有较好的发展，本书第二章将带领投资者揭开指数基金的面纱，了解指数基金的起源、理论基础、发展历程及其在美国发展迅速的原因，并以先锋领航集团和贝莱德集团为案例分析指数基金的成功应用。

被引入中国后，指数基金又书写了别具特色的中国故事，本书第三章介绍了指数基金在中国的产品创新、费率改革历程、三起三落及正在迎来第四次上升期的故事。在投资结构以个人投资者为主、互联网特色显著及用户代际更迭等深层社会背景下，指数基金正在走着一条中国特色之路。

第四章通过对个人投资者的调研，以及天弘基金独家的大数据分析案例，客观呈现了目前国内投资者对指数基金的认知现状，刻画了这部分投资者的投资行为画像，全面分析了投资者在实际投资指数基金时的行为模式和变化趋势，包括散户牛人的成功经验和机构投资者的偏好。

第五章揭秘了民间高手的赚钱秘籍，包括他们的投资故事、投资理念，他们如何成长提高，以及他们日常和个人投资者交流时，投资者有哪些困惑，这些困惑如何解决。

第六章通过对机构投资者的调研和研究，分析了“国家队”①、社保基金、保险机构、公募 FOF（基金中的基金）这四类具有代表性的机构的行为及其对指数基金的看法。

第七章到第九章，系统地总结了指数基金的投资方法，从如

① 国家队，指代表国家投资证券基金市场的机构。

何挑选单只指数基金，到指数基金的分类、投资方式，再到如何定投，如何通过在线投资顾问（简称投顾）服务来更好地享受指数基金带来的投资成果。定投可以帮助投资者解决择时的问题，而指数基金因其简单、清晰、成本低的优势是定投的最佳选择。在线投顾是解决中国投资者回报困局的较好方式，其在美国则解决了中低净值投资者无法得到投顾服务的问题。国内在线投顾业务虽然仅发展了6年，但已衍生出了不少模式，按照策略的透明度可简单分为白盒策略和黑盒策略。目前市面上的白盒策略可以帮助投资者解决资产配置、风格轮动、行业比较、个基择时和因子投资等问题。

第十章展望了指数基金未来在中国的发展。指数基金已经逐步走出了中国特色并且开始帮助中国投资者解决更多的投资问题，未来随着互联网的发展、政府的支持、养老金的入市及国际资金的进入，指数基金在中国将不断迎来发展机遇，产品也将得到持续不断的创新。

本书的特色有以下五点：

第一，独家披露行业内指数基金投资大数据行为分析结果，覆盖900万人的指数基金交易行为。真正的海量数据，在天弘基金基于余额宝业务积累下来大数据分析能力的支持下，为大家客观呈现指数基金用户的投资行为和演变路径。

第二，涵盖多位指数基金领域知名意见领袖的真实故事，以及在线投顾的最新业务探索案例，探讨行业前沿趋势。

第三，通过大样本客户调研，客观全面反映指数基金在中国的现状，更具用户指导意义。

第四，由拥有实战经验的专业基金公司天弘基金撰写，天弘基金为余额宝的基金管理人。本书也得到了多位专业机构和个人的观点支持。

第五，本书从指数基金的前世今生、内涵外延、投资实践案例、相关意见领袖解读等多个角度，展示指数基金全貌，帮助用户更深入地了解指数基金。

在国际上，指数基金的市场占比逐年提升，在国内，指数基金生机勃勃，作为一种简单、清晰、费率低的投资品种，有着巨大的市场容量潜质，有望成为货币基金后的又一个普惠金融的新方向。我们希望以天弘指数基金全量用户数据为案例，客观呈现指数基金用户画像、用户行为特征及演变，分析用户痛点，在各专业机构、意见领袖的支持下，为用户提供更好的服务，帮助大家更好地认识指数基金。

大数据挖掘能力是天弘基金的一大优势，天弘基金从 2014 年开始推出《余额宝一周年大数据报告》，2015 年推出“余额宝入市意愿情绪指数”，2017 年推出《权益投资散户行为大数据报告》，为行业提供了用户行为数据的参考。2018 年，在基金业成立 20 周年之际，天弘基金本着公益化定位、基于权威的数据分析体系，毫无保留地将天弘基金的数据研究成果、调研成果、在线投顾业务探索成果回馈于用户和社会。希望这本书可以为客户自身、研究机构、新闻媒体、资管行业和监管者提供全面观测普通投资者权益投资行为、全面看待指数基金的新视角。

在创作这本书时，我们得到很多朋友的帮助。感谢上海华证指数公司总经理刘忠、中证指数公司研发部副总监赵永刚、银河证券基金研究中心总经理胡立峰、华宝证券研究所所长杨宇，他们给予了本书一些精彩的观点支持。感谢意见领袖 ETF 拯救世界、持有封基、郑志勇、银行螺丝钉、刘鹏程，他们提供了鲜活故事。感谢新浪财经，它在用户调研方面给予我们大力支持！感谢出版社的老师，也感谢天弘基金互金市场部、产品部、大数据中心等各部门同事，他们都给予本书大力支持！

出版这本书只是天弘基金在用户心智投教方面的一小步，在日常工作中，天弘基金会不断以各种用户喜闻乐见的方式，陪伴用户。大家也可以在支付宝 App 首页搜索“天弘基金”，关注天弘基金生活号，欢迎与天弘基金进行交流。希望有更多的用户了解指数基金，并通过指数基金获得长远的投资回报！

# 目录

# 第一部分

# 揭秘指数基金

# 第一章　工具比努力重要

投资理财，已经逐渐成为全民必备技能。无论是考虑到未来的不确定性想要积累资产的年轻的焦虑一族，还是想要获得更好生活品质的收入稳定的中年人，或是想要通过投资实现财务自由的专业投资人士，都逃不开理财的话题。越早开始积累资金，并用于投资，在复利的威力下，资产越会不断增多。投资理财的重要性不必多言，但纷繁复杂的投资领域有很多投资品种，令人眼花缭乱。投资如人饮水，冷暖自知，选择适合自己的投资品种对投资者来说至关重要。

## 选好工具事半功倍

对于具有初级理财需求，也就是希望超越活期存款利率、能赚多少是多少的投资者来说，余额宝等货币基金最合适不过，随时随地可转入转出，非常方便，7 日年化收益率近几年在 2%~4%。对于具有中高级理财需求，也就是希望通过投资理财来对抗通货膨胀、使资产长期增值、实现较大的财富规划的投资者来说，需要通过权益投资来满足理财需求。权益投资就是将部分或者全部资金投资于权益资产的投资方式，包括一级市场股权投资和二级市场股票投资，但因为一级市场投资门槛较高，大多在上百万元，所以普通投资者主要通过股票、股票基金、偏股基金、指数基金等方式投资二级市场。

投资无易事，尤其是权益投资。对于个人投资者来说，如果需要研究清楚市盈率、市净率、估值、基金仓位、换手率等才能投资，那成本太高了。但毕竟是关于钱的事儿，工作赚钱那么辛苦，对待投资还得认真。有没有一种简单清晰的工具化产品，使投资者既能分享权益投资的收益，又不用学习那么多理财知识，而且买了后不必担心满仓踏空，也不必担心风格漂移，可以省心省力地投资呢？

当然有！诸多国内外投资大师，经过亲身实践，向普通个人投资者强烈推荐这种投资工具，它就是指数型股票基金，下文简称指数基金。指数基金是一种特殊的股票基金，也称指数型股票基金或被动型基金，以复制、跟踪指数为目的，以指数成分股为投资对象，严格按照指数规则进行投资，获取与指数大致相同收益率的基金。由于复制、跟踪的是市场涨跌的平均数，所以收益也是市场平均水平。

在为梦想奔跑的过程中停下来，发现身边的美好，找到一款简单的投资工具，投资者在投资之路上便可事半功倍。

## 巴菲特的十年赌约

说起投资，必谈巴菲特，他被许多投资者称为“股神”。对于普通投资者来说，投资什么产品最好呢？巴菲特给出了明确建议——指数基金。巴菲特对指数基金可谓青睐有加，多次强烈推荐。他曾说过：“通过定期投资指数基金，一个什么都不懂的业余投资者竟然往往能够战胜大部分专业投资者。”他对指数基金的推崇，可不是一时心血来潮，而是20多年来一直坚持的观点。

2005年的一天，巴菲特又忍不住夸奖了指数基金，他在致股东的信中写道：“由于高额的管理费用，主动管理基金的长期总体表现还不如低成本的被动型指数基金。”此言一出，许多主动基金表示反对，华尔街的基金经理们也纷纷表示质疑。于是巴菲特与他们在Longbet.org网站上立下以50万美元为赌注的赌约：“从2008年1月1日开始，没有职业投资人可以选出一个由至少5只对冲基金[①]组成的投资组合，能在十年后击败无人主动管理的标准普尔500指数（S&P 500 Index，简称标普500指数）基金的表现。”巴菲特立下50万美元的赌约后，基金经理们一片哗然，然后是漫长的沉寂，大多数主动基金经理虽然口头上表示质疑，但并未及时有所行动。在经历了漫长的等待后，终于有一个人代表主动基金经理来应战了。FOF（基金中的基金）母基金Portege Partners的基金经理泰德·塞德斯（Ted Seides）接受了挑战，他选取了5只母基金作为自己的投资组合。值得注意的是，这5只母基金涵盖数百只主动管理的对冲基金，其背后是大量的华尔街精英的智慧与辛勤劳动。

那么到底谁赢了呢？时间快速推进到2017年12月31日，赌约结束，结果如表1.1和图1.1所示，标普500指数基金以125.8%的十年累计回报收益率远超所有母基金的表现。标普500指数基金以8.5%的年化收益率，轻松击败了5只母基金平均2.96%的年化收益率。巴菲特的十年赌约成为指数基金历史上最精彩的一堂普及公开课。

① 对冲基金，通常指收取高昂管理费和业绩提成的主动管理基金。

表 1.1　标普 500 指数基金与 5 只母基金的业绩表现

| 年份 | 母基金 A 收益率（%） | 母基金 B 收益率（%） | 母基金 C 收益率（%） | 母基金 D 收益率（%） | 母基金 E 收益率（%） | 标普 500 指数基金收益率（%） |
|---|---|---|---|---|---|---|
| 2008 | -16.5 | -22.3 | -21.3 | -29.3 | -30.1 | -37.0 |
| 2009 | 11.3 | 14.5 | 21.4 | 16.5 | 16.8 | 26.6 |
| 2010 | 5.9 | 6.8 | 13.3 | 4.9 | 11.9 | 15.1 |
| 2011 | -6.3 | -1.3 | 5.9 | -6.3 | -2.8 | 2.1 |
| 2012 | 3.4 | 9.6 | 5.7 | 6.2 | 9.1 | 16.0 |
| 2013 | 10.5 | 15.2 | 8.8 | 14.2 | 14.4 | 32.3 |
| 2014 | 4.7 | 4.0 | 18.9 | 0.7 | -2.1 | 13.6 |
| 2015 | 1.6 | 2.5 | 5.4 | 1.4 | -5.0 | 1.4 |
| 2016 | -3.2 | 1.9 | -1.7 | 2.5 | 4.4 | 11.9 |
| 2017 | 12.2 | 10.6 | 15.6 | N/A | 18.0 | 21.8 |
| 总收益率 | 21.7 | 42.3 | 87.7 | 2.8 | 27.0 | 125.8 |
| 平均年化收益率 | 2.0 | 3.6 | 6.5 | 0.3 | 2.4 | 8.5 |

注：N/A 代表无数据。

资料来源：伯克希尔 - 哈撒韦公司（Berkshire Hathaway）2017 年的致股东信，数据区间为 2008-1-1 至 2017-12-31。

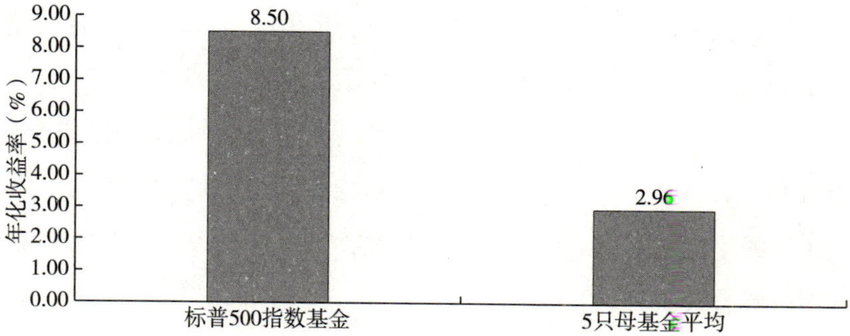


图 1.1　标普 500 指数基金与 5 只母基金平均的年化收益率

资料来源：对冲基金研究（HFR），HulbertRatings.com，数据区间为 2007-12-31 至 2017-6-30。

## 约翰·博格的斗争

要说起指数基金领域的“泰斗”或者公募基金的先驱者，我们不得不提到约翰·博格（John Bogle），他有“基金教父”之称。他传奇的一生充满了斗争精神，他与病魔斗、与董事会斗、与行业弊端斗。在不懈的斗争中，他改变了美国传统基金行业，使基金行业的平均管理费从1.5%降低到0.1%，并且白手起家创建了先锋领航集团（The Vanguard Group），该公司后来居上成为世界第一大共同基金公司。而让先锋领航集团成名的原因正是他对指数基金的发明和发扬光大。

约翰·博格31岁时得了心脏病，当时医生预测他无法活过40岁，但他凭着坚定的意志活到了89岁高龄，于2019年1月16日逝世。沃伦·巴菲特在2017年度致股东的信中写道：“如果有一座雕像是为了纪念为美国投资者做出最大贡献的人而建的，那么这个人毫无疑问应该是约翰·博格。”

约翰·博格曾是威灵顿管理公司（Wellington Management Company）的首席执行官（CEO），却被投票撤职并赶出公司，他不服投票结果，拒绝辞职，然后绝地反击，强势回归。1974年，他另起炉灶，以英国海军将领霍雷肖·纳尔逊（Horatio Nelson）使用的战船为名，成立了先锋领航集团，并使其发展壮大，令对手难以超越。1976年，他发明了世界上第一只指数基金——标普500指数基金，复制、跟踪标普500指数。不巧的是，当时共同基金行业正值“严冬”，指数基金不被投资者重视，该基金计划募集1亿美元，但花了3个月之久才募集到1 200万美元，因此指数基金当时被行业评为“魔鬼的发明”“一个坚定的、始终如一的、长期的失败者公式”。但博格依旧信心满满，践行持有人利益至上的原则，号召共同基金降低费率。

他多次抨击共同基金行业的高收费，他要真正做一家为大众服务的、低成本的、持有人利益至上的、名副其实的共同基金，这更像是在向整个行业宣战。1977 年博格让旗下基金实行免手续费的销售制度。他坚信最好的策略就是：简单地匹配市场的总收益，并依靠指数化的低成本获得比大多数竞争对手更高的净收益。可是，受之前熊市氛围的影响，先锋领航集团旗下的基金在成立之初经历了持续六年零八个月的资产缩水，指数基金在那个“黑暗时期”被泼冷水。

尽管饱受冷眼，但指数基金的光芒还是在 20 世纪 80 年代迸发了出来。美国股市从 1987 年开始了长时间的牛市，指数基金的优势也得到了淋漓尽致的发挥。从 1984 年到 1994 年，有 7 年标普 500 指数基金的表现超过了一半以上的主动基金经理管理的投资组合。10 年累计下来，标普 500 指数基金的收益超过了 78% 的普通股票基金。再加上指数基金低成本的优势，投资者们开始纷纷购买指数基金。20 世纪 90 年代，指数基金开始流行，先锋指数信托基金组合于 1988 年突破 10 亿美元的大关，到 1995 年年中增长到 156 亿美元，成为美国规模第四大的股票型共同基金。1997 年初，指数基金开始出现在《纽约时报》(*The New York Times*)、《华尔街日报》（*The Wall Street Journal*)、《时代周刊》（*Time*）和《新闻周刊》（*Newsweek*）的主要版面。《货币杂志》（*Money Magazine*）1995 年更是用封面报道评价：“不可思议的胜利：指数基金在今天应成为众多投资组合的核心。”

指数基金一路高歌猛进，截至 2017 年年底，美国指数基金的市场份额已经超过总基金市场规模的 35%。约翰·博格的魅力在于：他总是能坚持对的方向，即便摔倒也会马上爬起来，然后扳倒对手。他发明的指数基金也带着相似的性格：坚持真理，不屈不挠，用实力回击那些质疑。

## 投资股票还是指数基金

中国基金业只有20年的历史，投资主动基金和指数基金的人都还不是很多，提起权益投资，大多数人最先想到的可能是股票投资。

很多投资者心中可能还有一些疑惑：同样是投资股票，自己投资不行吗？挑选明星基金经理管理的主动基金不行吗？买指数基金有什么好处？

我们先来看第一个选择题：投资股票还是指数基金？我们还是从什么是指数说起，指数是市场所有股票收益的平均值，因此其核心特点是充分分散。分散化又可以从两个层面来看：一是收益的充分分散，二是风险的充分分散。

首先，指数基金是市场的平均收益，从市场的实际情况和统计的角度看，这一平均值蕴含着极具启发性的规律，对于投资者认识市场和认识自己有一定的启示意义。这是投资者选择投资股票还是指数基金的一个重要前提。

有些投资者觉得投资指数基金是一种笨办法，只能获得市场平均收益，聪明的办法是投资股票。然而股市的涨跌是非对称的，往往是“七亏二平一赚”，也就是说，指数的涨幅其实是由那些涨得很多的股票带动的，沾了它们的光，指数的涨幅其实要比整个市场的涨跌幅中位数要大。

举个简单的例子，一只股票跌的时候，是有跌幅下限的，最多跌到100%，就全跌没了，而一只股票涨的时候，却没有上限，翻10倍的股票都是有的，也就是涨了1 000%，两个一平均就是

500%，如果用这两只股票编制指数，就是这两个股票的“平均数”。个人投资者买到亏损个股的概率远大于买到上涨股票的概率，连买到那个平均数“500%”收益率的股票都很难，而一个用户买到涨了10倍的股票，就把其他人的亏损都给平均了，这一个人赚的钱平均了其他很多人的亏损。所以有时投资者会感觉，指数涨了，自己买股票却没赚到钱。这就和我们认知的工资“被平均了”的情况类似，实际上很多人的工资都没有平均数高，只是被高净值人群的收入拉高了。

或许有人会觉得平均收益不是自己的追求，而自己有较好的投资能力，能够战胜大多数人。虽然大家总是对自己满怀信心，但有时候现实很残酷。

A股市场投资者交易量与盈利情况如表1.2所示，从中可以看出，个人投资者贡献了82.01%的交易量，盈利占比仅9%，远远没有达到平均水平。这些投资者很多还是“职业股民”，每天花大量的时间来盯盘、分析上市公司财报等，结果却不尽如人意。而大多数投资者在工作和家庭上花的时间会比较多，所以投资应该只是一件锦上添花的事情，花较少的时间实现资产增值的目的。指数基金对于普通投资者来说，是一个很好的选择。

表1.2　A股市场投资者交易量与盈利情况

| | 年度交易量占比（%） | 年末持股市值（亿元） | 年末持股市值占比（%） | 年度盈利（亿元） | 盈利占比（%） |
|---|---|---|---|---|---|
| 个人投资者 | 82.01 | 59 445 | 21.17 | 3 108 | 9.00 |
| 一般法人 | 1.92 | 172 801 | 61.53 | 19 237 | 55.70 |
| 沪港通 | 1.30 | 3 322 | 1.18 | 1034 | 2.99 |
| 专业机构 | 14.76 | 45 294 | 16.13 | 11 155 | 32.30 |

资料来源：上海证券交易所统计年鉴（2018年卷），华证指数整理。

据上海华证指数信息服务有限公司统计，从 2004 年年末至 2018 年年中，观察每个月的股票月度收益分布，发现股票收益的平均数都大于收益的中位数。162 个月份中，平均来看，每个月仅有 46.37% 的股票收益率超过了中证全指的收益率，因此可以看出剩下 53.63% 的股票都跑不赢“平均数”。具体如图 1.2 所示。

| 股票收益平均数 | 股票收益中位数 |
| --- | --- |
| 0.021 | 0.005 |
| 标准差 | 偏度 |
| 0.122 | 3.116 |
| 股票收益大于0的比例 | |
| 51.27% | |
| 股票收益大于中证全指的比例 | |
| 46.37% | |

图 1.2　A 股股票收益分布

资料来源：华证指数公司。

这组数据揭示了投资股票和指数基金的区别，从统计的意义上说，买个股跑不赢“平均数”的概率大于 50%，因此，若投资者认为自己是一个普通的投资者，或者没有那么多的精力投入个股的研究，那么投资指数基金其实是更“占便宜的”，但如果投资者对自己的投资能力比较自信，或者对股票比较感兴趣，那么投资股票更能够体现个人价值并且也具有重要的意义。毕竟，主动研究的人越多，“价值发现”才能做得更好。

其次，指数基金的资产组合充分分散，带来风险的充分分散，这也是它和个股的明显区别。诺贝尔经济学奖获得者哈里·马科维茨（Harry Markowitz）提到“资产配置多元化是投资者唯一免费的午餐”，若干种证券组成的投资组合，其收益是这些证券收益的加权平均数，但是其风险不是这些证券风险的加权平均数，投资组合能降低非系统性风险。更进一步地，将投资组合理论和资本资产定价理论结合起来，可以推导出市场组合是有效边界上风险收益比最佳的选择。俗话说“不要把鸡蛋放在同一个篮子里”，近年来，个股“黑天鹅”事件频频爆发，指数基金有效分散风险的优势也越来越受到关注，任何个股的波动都不会对指数基金的整体表现构成太大的影响，这样就从整体上降低了投资者的投资风险。

## 投资主动基金还是指数基金

### 主动基金与被动基金的业绩之争

在美国等成熟市场，提起权益投资，投资者最先想到的便是股票基金，而提起指数基金，海外经济学派必会提及指数基金长期战胜主动基金的故事。股票基金中主动基金和指数基金怎么选？对投资者来说，决定其购买某一类产品最重要的因素就是谁的收益更高。指数基金从诞生开始，就向主动基金发起了挑战，包括业绩、成本、效率方面。时至今日，关于主动基金与指数基金、有效市场等方面的争论还在顶尖的学者、教授之间不断上演。而在实践中，美国市场已经给出了指数基金战胜主动基金的答案，美国的公募基金市场呈现出了指数基金不断替代主动基金的趋势。那么在国内的市场中，关于主动基金与指数基金的争论到底是怎么样的呢？

根据上海华证指数公司的研究结果，近10年中基金与构建的业绩比较基准“平分秋色”。为了更好地与主动管理型股票基金进行对比，根据基金的平均持仓水平，用相应仓位的中证全指收益率和货币基金收益率来构建业绩比较基准。从研究结果发现，不同规模的基金收益表现差异较大，基金规模越大收益能力越差，甚至低于基准指数的收益。按照规模分类，从基金近5年的平均表现来看，超过50亿元规模的基金年度收益低于基准收益，收益主要来自小规模基金。近10年中按照每年等权计算出的基金年化收益率比业绩比较基准年化收益率高1.45%，按照规模加权计算出的基金年化收益率却比业绩比较基准年化收益率低0.41%。

基础市场不同，指数基金和主动基金的业绩比较结果也不同。目前中国市场有效性还在不断提高，A股本身的波动性比较大，因此在中国市场指数基金和主动基金未来的业绩之争结果如何，还有待进一步验证。

## 主动基金和指数基金是“人”和“策略”的较量

主动基金由基金经理管理，主动基金经理根据自己的投资理念，进行仓位控制或者个股精选，以期望获取超额收益。而指数基金是定好规则后，基金经理根据规则执行，不会轻易被人为随意改变，可以看作某种投资理念或者策略的“纪律化”执行。但指数基金也有“主动”的一面，那就是选股规则的制定，这是一个策略思考和筛选的过程。所以主动基金和指数基金是“人”和既定“策略”的较量。

相比“纪律化”的投资而言，管理主动基金的是基金经理，而基金经理存在“人”的一些固有问题，比如容易受情绪影响、管理期限有限等问题，而指数基金的管理可以较好地规避这些问题，既定的规则可以不受人类情绪的影响而被坚定地执行，规则既定，既可永续地存在下去，也不受基金经理的影响。当然，任何事情都有其两面性，“人”的灵动可能带来一些情绪化等问题，但是“人”的主观能动性也能够给主动基金的基金经理主动判断市场、及时调整策略的空间，而既定的规则就没有给被动基金的基金经理那么灵活的调整空间了。

## 指数基金代表“投资民主化”

指数基金是基金经理按照透明的规则执行，主动基金则是基金经理智慧的凝结。指数基金是具体的投资工具，而主动基金更多是解决方案的提供。但是“一篮子”方案的提供听起来可能很美好，但是有很多的问题，比如基金经理风格漂移，举例来说，本来双方约定的是买医药股的主动基金，最后却发现全部重仓了食品饮料股，又比如公告里面显示有两个基金经理，但不知道到底是谁在操作，再比如基金经理不再管理的消息可能很长一段时间之后投资者才会知晓。这种“一篮子”方案的不透明，带来了“代理人”的问题，存在较高的道德风险，而“透明化”则很好地规避了这一点，投资者可以对自己的投资明明白白、清清楚楚，更具有掌控力。

指数基金强纪律性的要求可以有效降低基金经理以及基金管理人的道德风险。主动基金每季度只公布前十大重仓股的信息，且高度依赖基金经理自身的能力。一旦基金经理离职，基金风格可能会发生较大的变化，甚至有些基金经理自身风格随着时间的推移也会发生变化，较难琢磨。而指数基金因为必须严格按照规则投资，且规则易被投资者获得，投资者通过观察指数就可完全了解基金经理的操作，就算基金经理离职，基金的表现也只跟指数有关。

随着投资者财富不断积累和受教育程度的提高，投资者更加愿意深入了解自己的投资组合情况、学习如何投资，而指数基金则是一种很好的投资者自主投资的工具。可以说，指数基金投资代表了“投资民主化”的趋势。

## 指数基金是降维选择

在众多基金经理中，如何选择好的基金经理？大多数人的第一反应可能是选择历史业绩好或者排名靠前的基金经理，但是数据证明，投资远远没有这么简单，“冠军魔咒”并非空穴来风。“冠军魔咒”指的是上一年排名靠前的基金，下一年往往表现一般，有的甚至排名倒数。当然这个冠军不是单指第一名，而是排名靠前的几只基金。2015 年、2016 年、2017 年迥异的市场风格，让“冠军魔咒”频频出现，上一年的明星基金在第二年直落谷底，让人唏嘘不已。2018 年这种情景再次上演，万得（Wind）资讯的数据显示，2017 年的普通股票基金的前 3 位，2018 年年度跌幅分别为 23.47%、32.22%、30.51%，基本排在同类基金 100 名之后（A/B/C[①] 分开计算），落差也比较大。

投资永远是未来的事情，依靠过去做线性推理是不可靠的。

那么怎么选择基金经理呢？我们可以观察职业的机构投资者是怎么选择的。根据之前的调研，我们可以了解一些大型机构投资者是如何选择主动基金经理的。机构投资者在选择基金经理时有非常复杂的模型，需要了解基金经理是什么样的风格、擅长什么样的环境、过去的超额收益到底来自哪里，并且还要进行当面访谈，看基金经理是什么样的性格、是否有完整的逻辑、是否会发生风格漂移的问题。这还只是一个开始，评估完之后，机构投资者还得判断当前的市场环境是什么样的，在这样的市场环境下，哪位基金经理的风格更合适，并祈祷这位基金经理近期不会发生变化。所以，要选一位好的基金经理，你需要先对基金经理做业绩归因，再判断市场，然后选择合适的基金经理，并且祈祷基金经理能够保持初心。

---

① A/B/C，指代同一只基金的不同份额，是基金公司为满足不同申赎渠道、不同资金规模、不同持有期限的投资者偏好设定的。一般主要是收费模式有差异，比如 A 类份额一般采取前端收费模式，B 类份额为后端收费模式，C 类份额为销售服务费收费模式等。

相比而言，投资指数基金则是一种降维选择。投资者只需要进行市场判断，选择一致的指数即可，而且如果认为自己的市场选择能力一般，还可以选择定投等简单有效的方式，即可参与分配权益市场的红利。

## 指数基金的优势

在前文的两个经典辩题中，我们应该已经感受到指数基金的无穷魅力。指数基金在诞生之初不被重视，但是它凭借务实求真、坚韧不拔、大道至简、活力长青、公开透明的精神内涵一路披荆斩棘，就像顽强的种子一样，破土而出，长成参天大树。指数基金从不被认可到大放异彩，正是因为其看似简单却极为丰富的内涵。那指数基金的具体优势都有哪些呢？简单来说，省力、省心、省钱。指数基金可以获得市场平均收益，免去挑选个股的烦琐，可谓十分省力。指数基金的投资规则公开、透明且易获得，可以对基金公司和基金经理形成天然约束，投资者不用担心其“挂羊头卖狗肉”，也不用担心基金经理没有及时加仓造成踏空，轻松就能跟上市场行情，所以十分省心。指数基金的费率低，对于投资者来说，省一分成本就是多一分收益，实在很省钱。具体来说，指数基金的优势主要为六方面：简单透明、充分分散、费率低廉、捕“牛”利器、活力长青、机构投资者的配置优选与税收优势明显。

### 简单透明

指数基金采用部分或全部复制、跟踪指数的投资方式，因此投资标的简单透明，业绩透明度较高，简单易学，风格稳定。

首先，由于指数基金的持仓公开透明，与指数一致，因此业绩透明度较高，投资者根据目标指数的涨跌就可以大致判断自己投资的指数基金涨跌情况。

其次，简单易学。指数基金高度透明自律的规则使投资者较容易把握其特点，尤其是对于权益投资的初学者而言，是很好的入门投资产品。光听名字，就能知道这只基金投资什么行业或者投资了哪个市场的多少只股票。

最后，指数基金业绩受个人投资风格影响较小。指数编制的一个重要原则就是规则必须公开透明、得到第三方认证，且必须是一贯的。基金经理的任务是对指数的成分股进行跟踪，并以此为依据进行组合配置，同时尽可能保持最小的跟踪误差。所以相比较主动基金，指数基金很少受到基金经理个人投资风格的影响，充分保证了基金业绩的稳定性和持续性。

### 充分分散

正如前面“投资股票还是指数基金”的辩题中讲道的，在股票市场上，一头是没有限制的涨幅，一头是有下限的跌幅，很多人的收益都会“被平均”，一个人买入高涨幅股票就平均了多个投资者的亏损，从而导致指数这个平均值要大于实际涨跌幅的中位数。因此尽管投资者仅是简单通过指数基金获得了市场平均收益，但也是至少战胜了一半投资者的，还能有效降低“黑天鹅”带来的风险。简单来说，无论是投资收益的充分分散，还是风险的充分分散，都是指数基金的独特优势。

### 费率低廉

关于交易基金的费用，国内用户平时可能关注不多，都习惯了被默认扣除。但对基金了解稍多一些的用户会注意到，与主动基金相比，指数基金的费率优势十分明显，而省下了费用，就相当于多赚了收益。

基金买的时候有申购费，卖的时候有赎回费，有些没有申购赎回（简称申赎）费的还有销售服务费，持有的时候有管理费和托管费。由于指数基金采取的是跟踪指数的投资策略，基金管理人不需要花大量的时间和精力来选择股票、债券等投资工具的种类以及买入卖出的时机，这样就在一定程度上减少了基金的管理费用。另外，指数基金大多采取的是一种买入并持有的策略，一般不会对投资组合进行频繁调整，只有在所跟踪指数的成分股变化时才进行相应的调整，换手率很低，所以它的交易费用也较低。

对国内全市场的基金进行统计，可以观察到主动基金的平均费率为1.75%（管理费1.5%+托管费0.25%），但指数基金的平均费率仅0.77%（管理费0.64%+托管费0.13%），指数基金可以有效帮助投资者节约成本。除了管理费和托管费外，国内指数基金的申赎费也显著低于其他类型的基金，现在市场上还有一些指数基金设置了C份额，无申赎费，仅按日计提销售服务费，且最低一档销售服务费仅0.2%，远低于一般基金0.4%的销售服务费，非常适合具有择时能力的投资者进行波段操作。

## 捕“牛”利器

由于指数基金投资采用纪律化的方式，帮助投资者克服情绪的影响，仓位都维持在90%以上，在牛市中的收益表现优异，可以快速抓住行情，是捕“牛”利器。尤其是在A股市场“牛短”的情况下，很多主动基金经理往往反应不及，仓位跟不上去，但指数基金投资依靠高仓位的纪律化投资方式可以快速跟上市场行情。对2009年（牛市）和2014年（2015年回落之前的牛市）的普通股票型和偏股混合型主动基金的相对基准指数的胜率情况进行统计，如表 1.3 所示，发现这两年的胜率都极低，即我们常说的主动基金跑不赢指数基金。

表 1.3　普通股票型和偏股混合型主动基金相对基准指数的胜率情况

| | 2009 年 | 2014 年 |
|---|---|---|
| 存续基金数量（只） | 242 | 453 |
| 胜率（%） | 5.37 | 12.80 |
| 存续基金规模（万亿元） | 1.02 | 1.04 |
| 胜率（%） | 3.95 | 7.22 |

资料来源：万得资讯，华证指数公司整理。

## 活力长青

指数是长生不老的，它可以除旧布新，长葆活力。指数公司会根据市场及个股情况变化，按照既定的指数编制办法，定期调整成分股，剔除一些“不合格”的股票，纳入新的股票，指数基金也会根据标的指数成分股的调整进行调仓，这在一定程度上保证了投资组合的活力。虽然指数基金的成立时间不同，但一般跟踪的主流指数的存续时间较长且规则透明，因此可回溯、可分析，尤其是对专业投资者来说，具有很好的配置价值。

## 机构投资者的配置优选与税收优势明显

指数基金不仅对普通个人投资者特别友好，对机构投资者而言，尤其是配置型的投资者，也是不可多得的好工具。同时，指数基金各类费率低廉，对于特别关注成本的机构投资者非常有吸引力。机构投资者的资产规模较大，而主动基金一般都有一个最优规模的限制，因为如果规模过大，基金经理一方面精力不够，另一方面难以及时调换仓，故而拖累业绩。因此在投资主动基金时，机构投资者往往要考虑规模效应以及容量问题。投资指数基金时则没有这个顾虑，基金规模越大，越有利于分散各类运营成本，因此指数基金一直非常受机构投资者喜爱。

而且在国外，指数基金还有非常明显的税收优势。由于指数基金采取了一种购买并持有的策略，所持有股票的换手率很低，只有当一只股票被从指数中剔除的时候，或者投资者要求赎回的时候，指数基金才会出售持有的股票，实现部分资本利得，因此每年所缴纳的资本利得税很少，再加上复利效应，延迟纳税会给投资者带来很多好处，尤其在累积多年以后，这种效应就会愈加突出。虽然，目前我国还不征收投资收益税，但从长远来看，国家对投资收益征税是必然的。因此，指数基金的税收优势是值得重视的一个要素。

# 第二章　风靡成熟资本市场的简单工具

## 指数基金的起源

指数基金作为简单清晰的投资工具，在美国等成熟资本市场，已经经历了多年的实战检验，有了长足的发展。从一开始的不被看好，到一步步走进投资者的心房，再到现在的深受投资者喜爱。以古为镜，可以知兴替；以美国为镜，可以更好地理解国内指数基金的发展现状，预测未来的方向。

### 第一条指数诞生记

指数基金的起源，得先从第一条指数的诞生开始讲起。指数最初是统计学的概念，就是通过一定的计算方法，反映股票市场总体价格水平和变动趋势的一个平均数，然后给这个数字一个初始数值，例如1 000点。我们日常所说的大盘涨了跌了，就是看股票市场的这个平均数——指数。

可以从指数的功能出发对其进行定义。首先，指数最基本的功能是表征市场，度量和反映股票市场总体价格水平及其变动趋势；其次，指数能够反映风险收益特征，并且可以作为投资组合业绩评估、归因的基准，衡量超额收益的大小；最后，指数是用于构建被动的投资工具以及组合管理的基础。指数从一个最初的统计学概念，已经扩展成具有业绩评估、投资功能和属性的工具。

第一条指数的编制者是查尔斯·亨利·道（Charles Henry Dow），他的道氏理论（Dow Theory）是所有市场技术研究的基础，蕴含宝贵的哲学思想。他是记者出身，是《华尔街日报》的创始人和首位编辑，也是道琼斯公司（Dow Jones & Company）的创始人。

1884 年，他编制了世界上第一条股票指数——道琼斯股票价格平均指数，是一种算术平均价格指数。该指数诞生时只包含 11 只股票，其中 9 只是铁路公司的股票，被发表在道琼斯自己编辑出版的《每日通讯》上。1897 年，道琼斯股票价格平均指数开始分成工业与运输业两大类，其中工业股票价格平均指数包括 12 只股票，运输业股票价格平均指数包括 20 只股票，并且在《华尔街日报》上公布。1929 年，道琼斯股票价格平均指数又增加了公用事业类股票，从而使其包含的股票达到 65 只，并一直延续至今。目前投资者经常提到的道琼斯指数，指的就是道琼斯平均工业指数，1928 年 10 月 1 日起其样本股增加到 30 只并保持至今。道琼斯指数和标普 500 指数、纳斯达克综合指数是知名的三大美股指数。道琼斯指数的早期版本是价格等权指数，但是价格等权指数有编制问题，例如当个股拆分和合并时，会导致指数发生变动而不具有经济意义，因而无法恰当反映市场的变动。后来，价格算术平均的方式开始向市值加权的方式演化。

### 标准普尔 500 指数诞生记

1923 年，在经济学家欧文·费雪（Irving Fisher）的建议下，标准统计公司（The Standard Statistics Company）开始使用市值加权法来编制指数，这条指数是标准普尔500（简称标普500）指数的前身。1928年道琼斯指数也变更为价格加权指数。现在，市场上大多数的金融指数都采用市值进行加权。当然，市值加权隐含了买入持有的投资方式，在后台技术还不发达的时代，它是最容易执行的投资方式，因此从实践的角度，它也受到了投资界的欢迎，并得到长期的应用。

1941年，普尔出版公司和标准统计公司合并成为世界权威金融分析机构——标准普尔公司（Standard & Poor's），该公司1957年开始编制标普500指数，这是记录和反映美国500家上市公司的股票指数。与道琼斯指数相比，标普500指数包含的公司更多，因此风险更为分散，能够反映更广泛的市场变化。指数编制上的突破和创新，也促使了指数投资的发展。

## 前赴后继的理论研究

指数和指数基金有许多伟大人物的研究成果来作为强大的理论支撑。他们的研究成果对后来指数基金的推出有着至关重要的意义。对理论研究的回顾，能够帮助大家更好地从本质上对指数及指数投资的内在机理、指数投资对于投资者投资方式的意义、整个财富管理的理念、各参与方的变革等，有更加深刻的理解。

### 指数组合是最优的

投资者追求的是收益，收益是美好的，但祸福相依，伴随收益的就是风险，而风险就是不确定性。那风险和收益到底是什么关系呢？1952年，马科维茨提出投资组合理论（MPT）。他认为多只股票的组合可带来更优的收益风险比，首次给出了关于风险和收益的精确定义，并于1990年获得诺贝尔经济学奖。马科维茨认为，在一定的条件下，一个投资者的投资组合选择可以简化为平衡两个因素，即投资组合的期望回报及其方差。风险可以用方差来衡量，并且通过分散化可以降低风险。投资组合风险不仅依赖不同资产的方差，而且依赖资产的协方差。这样，关于大量不同资产投资组合选择的复杂、多维问题，就被简化成一个概念清晰的二次规划问题，即均值－方差分析。

1964年，威廉·夏普（William Sharpe）在吸收老师马科维茨研究成果的基础上提出了资本资产定价模型（CAPM），进一步解释了风险与收益之间的关系，提出“投资者根据市场的市值权重构建的组合是风险—收益最优的组合”这一观点。

夏普将单只证券或者投资组合的风险分成系统性风险（β）和非系统性风险，并将证券的收益进行分解。系统性风险可以通俗地理解为市场风险，是证券都会面临的风险，如国家宏观经济风险，这种风险无法通过投资组合进行分散，因此又被称为不可分散风险。而非系统性风险是各只证券独有的风险，可以通过组合的形式充分分散，因为组合中包含了多只证券，很有可能A证券的风险可以被B证券抵消。

与此同时，他认为证券的收益可以分解成因承担系统性风险所获得的收益和无法分散的风险所承担的收益，只有系统性风险才会得到收益的补偿。同时相对市场弹性更高的证券，获取的收益更高；相对市场弹性低的证券，获取的收益更低。换句话说就是高风险、高收益。这一模型的提出使夏普获得了1990年的诺贝尔经济学奖。

根据投资组合理论和资本资产定价模型，投资者根据市场的市值权重构建的组合是风险—收益最优的组合，因为若假设投资者都是理性投资者，均持有收益风险比最优的组合，而这些组合本身构成市场，那么市场组合就是风险收益比最优的组合，因此市值加权的指数组合是最优的组合。换言之，如果市场上的投资者都是理性的，那么根据市值权重构建的由全市场股票组成的指数投资组合就是最优的，任何人都无法战胜这个组合。

一个好的模型，逻辑严谨、符合一般认知当然很重要，但最关键的还是要经得住市场的检验。然而投资者和经济学家发现，总有一部分收益无法用模型解释，实际收益要么比模型高，要么比模型低。于是资本资产定价模型开始被质疑，而质疑带来的往往是进步。

### 超额收益是错误定价

坚信资本资产定价模型的经济学家认为无法被模型解释的收益来源于投资者非理性带来的错误定价，尤金·法玛（Eugene Fama）就是其中一位。1970 年，他提出了有效市场假说，认为如果参与市场的投资者足够理性，并且能够迅速对所有市场信息做出合理反应，因此在法律健全、功能良好、透明度高、竞争充分的股票市场，一切有价值的信息已经及时、准确、充分地反映在股价走势当中，其中包括企业当前和未来的价值。除非存在市场操纵，否则投资者不可能通过分析以往的价格获得高于市场平均水平的超额利润，因此被动的指数是最理性的选择。有效市场理论经常讲的一个故事就是，假如你在地上看到一张 100 元的钞票，那么这张钞票一定是假的，因为理性人一定已经将真钞票捡走。

而现实中，并不是所有投资者都是理性的，这些非理性投资者使部分证券在某一时期存在错误定价的现象。还是用一张 100 元的钞票来举例，一般人看到都会去捡，但是也可能存在一些人偏不捡，于是这100元就便宜了下一个人。这隐含的意思就是华尔街的明星基金经理之所以能取得高于常人的收益，不过是因为有人把属于自己的收益拱手让给他们了。而法玛认为，这种现象并不持续，这些错误定价最终都会回到正确定价上，即从长期来看，指数组合才是最优的。

## 策略指数的横空出世

解释清楚了错误定价带来的额外收益后，法玛并没有停止研究的步伐。这次他将目光锁定在了市场风险（β）上，并与肯尼斯·弗伦奇（Kenneth French）提出了著名的Fama-French三因子模型。1992年，法玛发现夏普提出的市场风险因子并不能完全解释美国市场上不同股票回报率的差异，而上市公司市值、账面市值比和市盈率可以解释。因此他给夏普的β引入了两个“新伙伴”。一个是市值β，指小市值的股票由于存在流动性较差、在经济下行阶段风险较大等特点，所以应该获得超过平均值的回报。这个解释在现实中也是成立的，比如说创业板股票的波动往往要大于大盘股。另一个是账面和市值比因子，指市净率较低的股票，也就是价值型股票，由于具有更强的周期性、财务杠杆较大、未来不明朗，所以也应该获得更大的回报。该模型迅速成为业界的新标准，并让法玛获得2013年诺贝尔经济学奖。

如果说夏普的CAPM解释了70%的收益来源，那么Fama-French三因子模型就解释了90%的收益来源，另外10%的收益来源于法玛认为的非理性投资者导致的错误定价。

经济学家们思索，才加了两个β，模型就好用很多，那是不是还有其他β没有被挖掘呢？于是许多经济学家开始致力于拓展β家族，动量因子、成长因子、质量因子等陆续被提出。短短数年，β

家族已经拓展到300多个。

同时套利定价模型（APT）出现了，它认为套利行为是现代有效市场价格形成的决定因素，如果市场未达到均衡状态，市场就存在无风险套利机会，并且使用多个因素来解释资产收益情况。在传统的市值因子和Fama-French三因子之外，还存在着更多解释收益的风险因子，无法被解释的部分才是投资组合的超额收益。

这些能解释收益的风险因子，被统一称为聪明贝塔（Smart Beta），顾名思义，就是希望比仅仅跟随市场的指数更聪明一点，希望通过构造聪明贝塔策略指数组合来帮助投资者获取更多的收益。收益来源可拆解成图2.1。

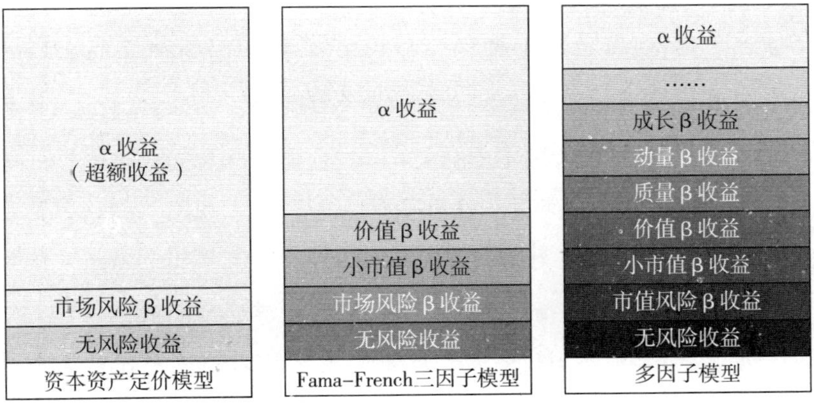


图2.1 收益来源

## 指数成为理论界的“宠儿”

虽然上述理论已经基本能够解释市场中的很多现象，并能证明指数的价值，但时至今日，指数的发展、演化和应用依然是理论界最前沿的研究领域，甚至有学者借鉴达尔文进化论，提出适应性市场假说和动态β理论，在指数定义的框架下拓展指数的外延，解决现有指数中存在的问题。研究能给投资者带来更优风险收益比、更好控制风险的指数方案。

指数基金是金融市场中为数不多的有充分理论支撑的领域之一，看似简单的产品形式却吸引了如此多的学者来研究，并且造就了好几位诺贝尔经济学奖得主，指数化投资的魅力可见一斑。

### 被实践检验的真理

领域内的学者接二连三地获得诺贝尔经济学奖，学术界已为指数基金的发展埋下了“种子”，而业界也开始了指数基金投资的实践。只是创新的路上，只有历经坎坷，才会看到美丽的风景。1960年，加利福尼亚大学（University of California）的爱德华·伦肖（Edward Renshaw）以及他的学生保罗·费尔德斯坦（Paul Feld-stein）在论文中首次提出创立指数基金的想法。他们比较了89只共同基金和道琼斯平均工业指数的业绩，前者中只有11只的业绩比后者更高。这在当时是一个比较超前的想法，业内认为这可能是数据上的巧合。1969年到1971年，富国银行（Wells Fargo）构建了一个600万美元的指数组合，跟踪纽约证券交易所股票指数，以等权的方式持有1 600只股票，但不堪重负的再平衡工作使实际的组合管理就像是一场噩梦。直到1976年，约翰·博格才克服重重阻力，推出了世界上第一只指数基金，引领了共同基金行业的大变革。这只标普500指数基金，目前也是全球最大的共同基金。

## 熊市中的英雄：先锋领航集团

在指数基金的发展浪潮中诞生了不少伟大的公司，而这些公司的业务发展，也促进了指数基金行业进一步的发展。目前全球资产管理规模最大的两家机构贝莱德和先锋领航集团旗下管理的指数基金规模占总市场的50%以上，而其管理的指数基金规模排名也分别位列全球第一和第二。成功的结果都是相似的，但是成功的道路不尽相同，从这两家具有传奇色彩的公司的成长路径，我们可以窥见一些指数基金行业发展的轨迹，为国内基金公司发展指数基金提供经验。

先锋领航集团一直是指数化投资领域的先行者，它的发展壮大得益于指数产品的成长，指数化投资理念也因为先锋领航集团的出色表现而深入人心。

被迫离开威灵顿公司的约翰·博格带着他在学生时代就坚信的共同基金的发展理念以及对被动投资的信心，于1975年5月成立了先锋领航集团，公司起初管理11只基金，资产净值为18亿美元。当第一只指数基金——先锋标普500指数基金诞生时，发展并不顺利，规模停滞不前，基金业绩排在75%的同类基金之后，可谓祸不单行。但是先锋领航集团依然坚持指数基金的发展方向，努力推出低成本产品。伟大也是熬出来的，在经历了最初几年的煎熬后，随着美国持续性牛市以及养老金入市机遇的到来，指数投资的魅力开始显现，它以捕“牛”高手的形象被投资者重新认识。1982年，美国政府推行著名的401（k）计划，标志着养老金的入市。为竞争养老金市场份额，先锋领航集团开始提供养老金计划的资产管理服务。在持续性牛市行情中，指数基金的业绩也大比例跑赢主动基金，先锋标普500指数基金资产规模在1986年年底达到5亿美元，1988年年底突破10亿美元，90年代初达至18亿美元，到1995年年中增长至156亿美元，成为美国第四大股票型共同基金。至此之后，先锋标普500指数基金的规模不断增长，成为全球最大的几只指数基金中的一个。

20 世纪 90 年代后，先锋领航集团在基金产品线上持续拓展和创新，并将业务拓展至海外。公司于 1990 年推出了第一只国际股票指数基金，在 1994 年开创了最早的税务管理基金系列产品。1996 年，先锋领航集团在澳大利亚墨尔本建立了第一个海外办公室，逐渐打开海外市场。1998 年，公司通过所在州政府的“529 大学储蓄计划”，提供低费率的高等教育储蓄金账户管理服务。2001 年，先锋领航集团开始发行 ETF（交易型开放式指数基金）产品。2003 年，公司推出生命周期基金产品，目前已经成为世界上最大的目标日期基金系列产品的管理者。

2013 年，先锋领航集团管理的资产规模超过 2 万亿美元，2014 年超过 3 万亿美元，2015 年在网上推出针对个人投资者的投资咨询服务，费率仅为 0.3%，2017 年年底管理的资产规模突破 4 万亿美元。

先锋领航集团的成功之道，除了提供质优价廉的服务，最重要的是它在熊市中扮演了英雄角色。在牛市热门基金流行时，它反而将之关闭，不让新投资者进来，以免追涨杀跌；在熊市时，它开发新客户，以安全、平稳的风格和低成本、便利的投资工具服务用户。

**延伸阅读 2.1**

与其他投资管理公司不同的是，先锋领航集团既不是上市公司，也非私人股东持有。先锋领航集团是历史上第一家也是唯一一家由美国证券交易委员会（SEC）特批的“由投资者共同拥有的基金公司”。由于没有外部投资者或股东寻求其季度利润的最大化，先锋领航集团能够专注于最重要的事情——实现客户利益的最大化。这一独特的股权架构使先锋领航集团与投资者的利益始终保持一致。客户平均投资于先锋领航集团的资金时间跨度长达 10 年，而平均投资美国基金业的资金时间跨度不到 5 年。

先锋领航集团全球各分支机构都遵循同样的公司文化、理念和政策。集团致力于培养“坚持为客户做对的事情”的企业文化，并吸引那些有同样情怀、希望与先锋领航集团长期共同成长和发展事业的员工。时至今日，先锋领航集团的员工平均服务年限超过 18 年。

未来，先锋领航集团会保持公平公正的企业态度，继续发挥优势，与中国投资者一起迎来新机遇！

（资料来源：先锋领航亚洲区总裁林晓东。）

## 资本运作之王：贝莱德

在全球金融圈中，有这么一家公司，它管理的资产超过日本 GDP（国内生产总值）总量，它是苹果（Apple）、麦当劳（McDonald's）、壳牌（Shell）、花旗银行（Citibank）、美国银行（Bank of America）和摩根大通（JPMorgan Chase & Co）这些著名企业和机构的股东，它的触角遍及全球，几乎在全球著名上市公司都持有股份，它就是贝莱德。

贝莱德 1988 年成立，归于黑石集团旗下，最初主要专注于固定收益，后来通过一系列收购，发展成世界最大的资产管理公司。贝莱德的创始人拉里·芬克（Larry Fink）也是一个具有传奇色彩的人物，少年得志，职业生涯大起大落，后来他合并了美林（Merrill Lynch），惊醒了摩根，写下了自己的传奇诗篇。

拉里·芬克的第一份工作是在瑞士信贷第一波士顿银行（Credit Suisse First Boston）从事房地产抵押贷款债券凭证业务，他负责的产品在短短几年内就成为公司的“拳头产品”，29岁的拉里·芬克也成为该公司最年轻的董事总经理。但好景不长，1986年，拉里·芬克负责的债券部门在一桩高风险交易中押下大注，由于受到美国政府金融政策全面收紧的影响，结果惨赔，拉里·芬克黯然离职。那段时间他的内心十分煎熬，他想做一家专注于风险控制的资产管理公司，但又对自己失去了信心，觉得自己没有重新开始的能力。于是他把这个想法告诉了黑石集团的创始人，短短3天他就得到了500万美元的贷款用于组建新公司，不过代价是40%的股权。

1988年，贝莱德成立，结果公司4个月内就开始赢利，6个月内还清了那500万美元贷款，40%的股权相当于是白送给了黑石集团。公司成立初期，主要以拉里·芬克所熟悉的固定收益为主要的业务。同时，公司也开始开发集交易、风控及客户报告功能为一体的阿拉丁系统，这为贝莱德未来提供客户服务打下了基础。后来因为股权斗争，拉里·芬克离开了黑石集团。1994年他带着8位合伙人开始单干，独立经营贝莱德。

1995年到2004年，多元化的种子在贝莱德生根发芽。1995年，和PNC金融服务集团的股权交易，使得贝莱德能够依靠PNC强大的分销渠道进行产品销售，同时通过和PNC旗下管理权益等资产类别的基金的合并、收购等，扩大了自己的产品线。1999年，贝莱德在纽约证券交易所上市，一方面扩大了影响力，另一方面也获得了充足的资金来开发核心产品，资本运作是贝莱德做大的关键。

此后便是一发不可收拾的收购之路。2005年收购了道富研究与管理公司（State Street Research & Management），2006年与美林公司合并，两年间资产管理规模从3 000多亿美元增至1.1万亿美元，一举确立了贝莱德行业第一的位置。最大的合并发生在

2009 年，2008 年金融危机后，贝莱德抓住机会，与巴克莱国际投资管理公司（Barclays Global Investors，简称 BGI）合并，将 ETF 界大名鼎鼎的品牌——安硕（Ishares）纳入囊中，自此奠定了其在被动产品领域的领军地位，也促进了整个指数基金行业的发展。目前美国指数基金行业几乎是由三家最大的美国资产管理公司控制的，即贝莱德、先锋领航集团和道富集团（State Street Corporation），它们被称为"三巨头"。

截至 2018 年 9 月 30 日，贝莱德管理的总资产达 6.44 万亿美元，其中 27% 为主动管理产品，38% 为非 ETF 指数产品，28% 为 ETF 产品，7% 为现金管理类产品。贝莱德认为，要获得客户的信任，必须在为客户解决投资问题时做到卓越，因此贝莱德布局了大而全的产品线。同时，贝莱德重视客户服务，建立阿拉丁系统，为客户提供风险分析、投资建议及各种"一篮子"解决方案，同时提供包括投资咨询、证券借贷、调仓辅助等一系列客户解决方案。

贝莱德的成功，和其本身的理念、先期优势的发挥是分不开的，但是值得一提的是，贝莱德在资本运作上的成功，使其能够快速地扩张业务，补齐短板，并且很好地将其和自己原有的业务整合起来，体现了公司独特的战略眼光、快速的行动能力以及较强的业务整合能力。和先锋领航集团一样，创始人的理念对公司的发展起到了至关重要的作用，但是我们也可以看到，始终将持有人利益放在第一位，永远是事业成功最关键的因素。

## 指数基金的美国特色

### 基础市场长"牛"，市场有效性强

长"牛"的股票市场是指数基金在美国得到较好发展的最大基

本面因素，美国股市过去是全球表现最好的股市。如图 2.2 所示，自 1976 年以来，标普 500 指数基金增长近 30 倍，并且呈现出“牛长熊短”的特征，年度获得正收益的比例为 77%，因此长期持有指数基金便可获得较好的收益。另外，美国股市虽然也经历几次较大的回撤，但是每次回撤后能够反弹并且创出新高。对于投资者而言，即使只投资指数基金也可以获得较好的收益，赚钱就是最好的广告效应。

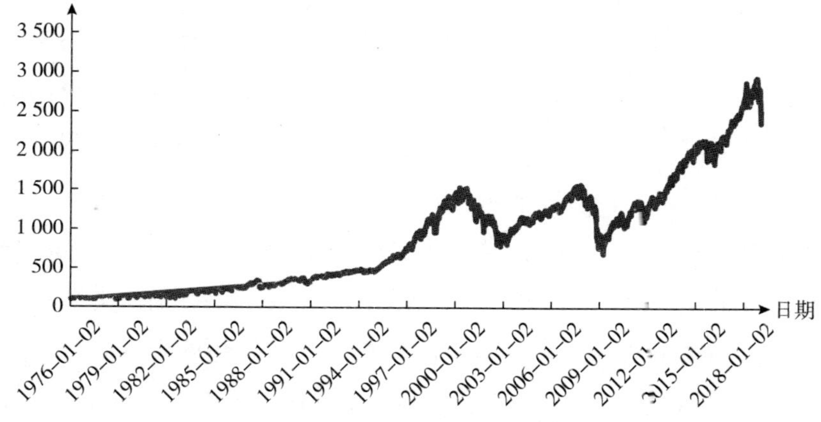


图 2.2　标普 500 指数基金收益走势

资料来源：万得资讯。

另外，美国市场有效程度较高，根据标普道琼斯指数公司（S&P Dow Jones Indices）长期发布的标普指数投资与主动投资业绩对比报告（SPIVA），主动基金跑赢指数已经变成一件较为困难的事情。

SPIVA 将美国国内的股票型基金按照市值分成大盘、中盘、小盘和全流通盘，按照投资风格划分为成长、核心、价值风格，在划分的基础上给予每只产品相应的业绩比较基准，比如，大盘对应标普 500 指数，中盘对应标普中盘 400 指数等。

从分年度的数据来看，2017 年，成长风格的基金经理，无论是大盘成长、中盘成长还是小盘成长，均表现得比基准要好，显示出一定的风格轮动的特征。2016 年表现较好的是核心风格，而之前则是价值风格的表现更为突出。

从各年累计数据看，短期一年内，有多种类型的基金可以跑赢其基准，但是拉长至 3 年和 5 年，已经没有任何一种类型的基金能有 50% 的比例超过其基准。拉长至 15 年，大盘基金中 92.33% 的基金跑不过基准，中盘基金中 94.81% 的基金跑不过基准，小盘基金中 95.73% 的基金跑不过基准。具体如表 2.1 所示。时间越长，指数基金能够跑赢的比例越高，在美国市场能够长期战胜指数是非常难的。

表 2.1　美国权益基金超过基准的百分比

| 基金类别 | 比较基准 | 1 年（%） | 3 年（%） | 5 年（%） | 10 年（%） | 15 年（%） |
|---|---|---|---|---|---|---|
| 全部国内股票型 | S&P composite 1 500（标普综合 1 500） | 63.43 | 83.40 | 86.72 | 86.65 | 83.74 |
| 大盘全风格 | S&P 500（标普 500） | 63.08 | 80.56 | 84.23 | 89.51 | 92.33 |
| 中盘全风格 | S&P Midcap 400（标普 400） | 44.41 | 86.34 | 85.06 | 96.48 | 94.81 |
| 小盘全风格 | S&P Smallcap 600（标普 600） | 47.70 | 88.83 | 91.17 | 95.71 | 95.73 |
| 全流通盘全风格 | S&P composite 1 500（标普综合 1 500） | 56.46 | 83.64 | 84.91 | 90.70 | 87.67 |
| 大盘成长 | S&P 500 Growth（标普 500 成长） | 32.92 | 67.58 | 80.92 | 93.65 | 93.49 |
| 大盘核心 | S&P 500（标普 500） | 68.98 | 88.45 | 90.99 | 94.95 | 94.67 |
| 大盘价值 | S&P 500 Value（标普 500 价值） | 46.88 | 80.37 | 85.07 | 70.44 | 85.71 |

（续表）

| 基金类别 | 比较基准 | 1年（%） | 3年（%） | 5年（%） | 10年（%） | 15年（%） |
|---|---|---|---|---|---|---|
| 中盘成长 | S&P Midcap 400 Growth（标普400成长） | 18.05 | 91.46 | 81.13 | 97.69 | 95.32 |
| 中盘核心 | S&P Midcap 400（标普400） | 61.67 | 88.24 | 87.90 | 96.15 | 96.51 |
| 中盘价值 | S&P Midcap 400 Value（标普400价值） | 43.14 | 75.41 | 81.54 | 88.04 | 88.89 |
| 小盘成长 | S&P Smallcap 600 Growth（标普600成长） | 15.08 | 86.53 | 86.67 | 95.56 | 98.73 |
| 小盘核心 | S&P Smallcap 600（标普600） | 58.59 | 93.78 | 95.59 | 96.23 | 96.55 |
| 小盘价值 | S&P Smallcap 600 Value（标普600价值） | 74.07 | 82.14 | 95.45 | 92.78 | 89.47 |
| 全盘成长 | S&P composite 1500 Growth（标普综合1 500成长） | 46.32 | 83.24 | 85.11 | 94.77 | 86.21 |
| 全盘核心 | S&P composite 1500（标普综合1 500） | 68.78 | 92.78 | 90.13 | 90.14 | 90.82 |
| 全盘价值 | S&P composite 1 500 Value（标普综合1 500价值） | 49.57 | 76.47 | 76.24 | 84.21 | 85.96 |

资料来源：标普道琼斯指数公司，数据区间为2001-1-1至2017-12-31。

在美国市场，市场“牛长熊短”，因此长期持有指数基金是一个非常简单有效的投资策略，而相比主动基金，指数基金又能够大幅跑赢基准，因此投资者必然会选择成本更为低廉、规则简单清晰透明、风格不会出现漂移的指数基金。

## 机构投资者为主，占比超 80%

根据 2018 年中报，美国的机构投资者占比超过 80%，而中国内地市场主要以个人投资者和法人投资者为主。如图 2.3 和图 2.4 所示，中国内地个人投资者持有市值占比高达 40.3%，而同期美国个人投资者持有市值占比仅为 3.8%。

一方面，以个人投资者为主的市场缺乏主动的投资判断，容易形成“羊群效应”，使基础市场的波动性加大，指数的赚钱效应被削弱，而机构投资者投资较为理性成熟，能够为基础市场提供长期稳定的资金，因此股市更为稳定，叠加经济向上的因素，美国整个基础市场呈现“慢牛”的行情。此外，机构投资者投资更为专业，超额收益的获取更加困难，主动基金难以跑赢市场基准，因此以机构投资者为主的市场从市场本身来说，更适合指数基金的发展。

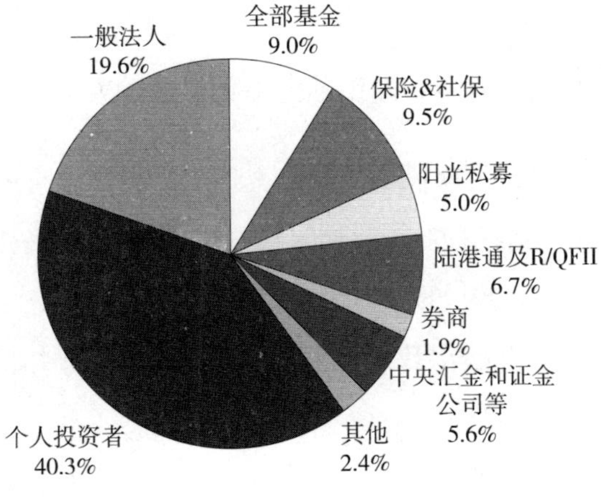


图 2.3　中国内地个人投资者自由流通市值占比（2018 年三季度）

资料来源：海通证券，2018 年中报。

另一方面，从客户需求端看，相比个人投资者而言，机构投资

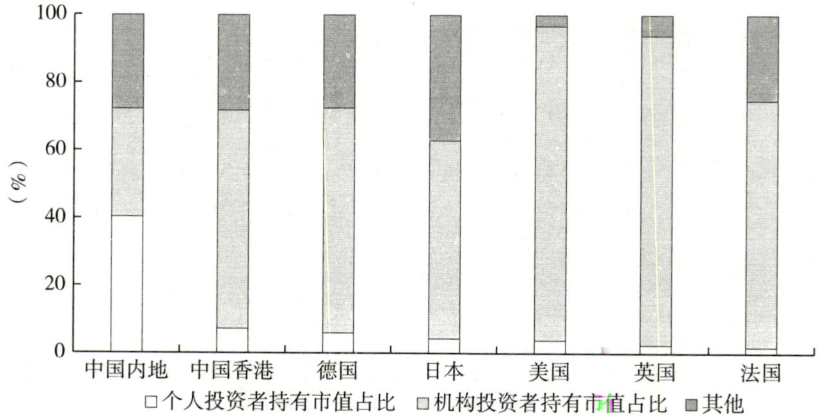


图 2.4　中国内地个人投资者持有市值占比远超其他国家

资料来源：海通证券，2018 年中报。

者也更适合投资指数基金。机构投资者的投资能力较强，投资工具的应用能力更强，持有的时间也更长，相比个人投资者要么没有能力投资，要么“追热点”投资而言，以机构投资者为主的市场显然更加有利于指数基金的快速发展。

### 行业生态结构以及养老金政策助力指数基金发展

在美国市场，长期投资的养老金促进了指数基金的发展，近 20 年来，美国养老金中的个人退休账户（IRA）和缴费确定性计划（DC）在指数基金中的占比比较稳定，两者合计占比在 44%~48%，即近乎一半的指数基金规模是由美国的各类养老计划贡献的，具体如图 2.5 所示。

而从养老金的投向看，20 年前 IRA 和 DC 配置在指数共同基金上的比例分别为 1.67% 和 2.96%，截至 2017 年年底，两者的配置比例已经上升至 6.17% 和 12.42%，比例持续稳定上升，如图 2.6 所示。

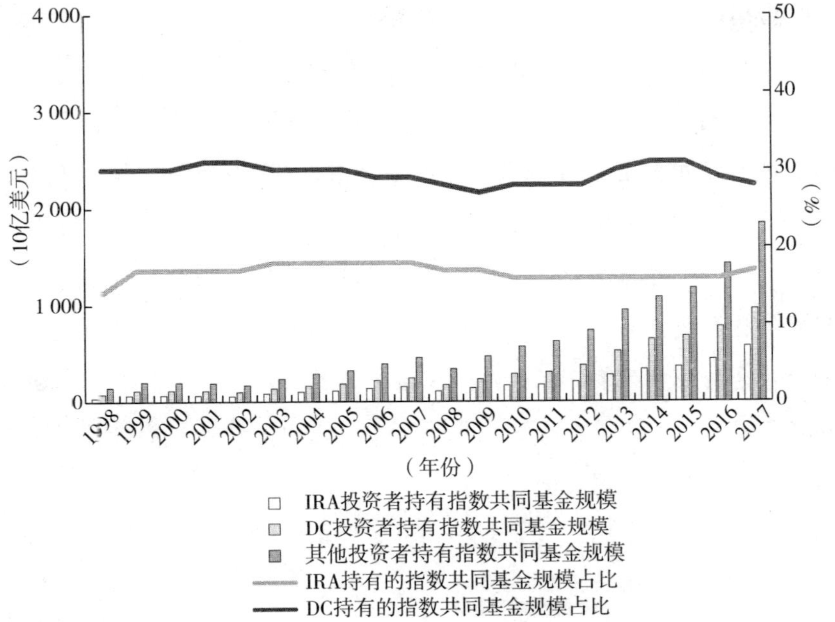


图2.5　美国指数共同基金中各类投资者的持有规模和占比情况（1998—2017）

资料来源：海通证券。

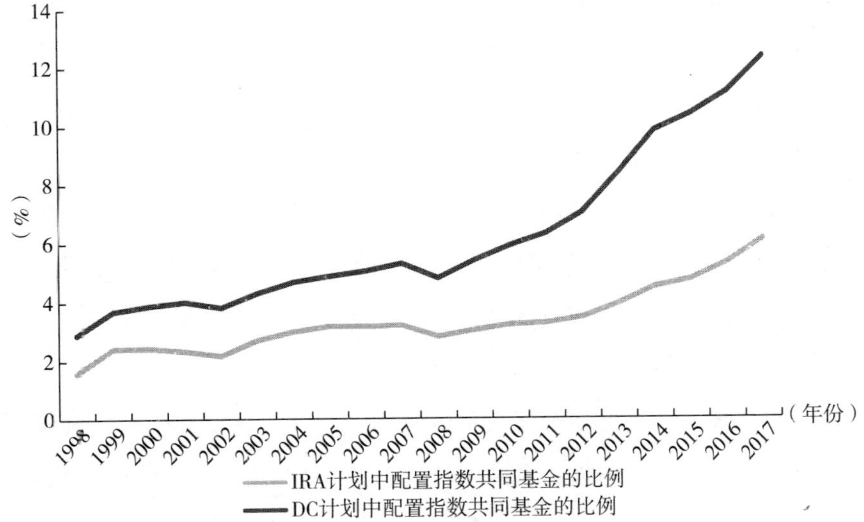


图2.6　IRA和DC配置指数共同基金上的比例

资料来源：海通证券。

**| 延伸阅读 2.2 |**

**新时代下的指数投资**

对照美国基金行业过去30年的发展，我国基金行业当前所处的阶段大致相当于美国20世纪70年代末至80年代初。作为近几年的重点工作，中国证券监督管理委员会（简称证监会）和中国基金业协会一直在推动养老目标基金的发展。美国为我们提供了非常好的经验和案例，1974年养老金改革法案和税收改革法案的发布，带动基金行业整体取得了长足的发展，随着指数基金和ETF这类被动产品的出现，公募基金的发展势头尤为突出，这是我们努力推动养老目标基金的原因之一。

（资料来源：中国基金业协会副会长钟蓉萨。）

另外，除了长期养老资金，销售模式也成就了美国指数基金的发展。在美国，投资者除了通过养老金投资基金外，通常会聘用经纪人、投资顾问或者理财规划师等专业投资中介机构来指导投资。根据美国投资公司协会（The Investment Company Institute，简称ICI）的统计数据，目前除了雇员计划外拥有共同基金的家庭中有79%通过中介机构的建议进行配置。

投资顾问（简称投顾）机构为共同基金投资者提供专业的投顾服务，例如与投资者定期交流、制定投资目标、分析现有持仓组合、设定资产配置计划及推荐基金产品等。最重要的是，投顾机构不通过销售基金来收取费用，而通过服务来获取费用。传统营销模式是佣金制，这会促使销售人员更多地劝说客户进行买卖，而顾问制的销售模式则是向投资者的资产组合进行收费，因此两者的利益是一致的，从而使低费率的指数基金能够有销售的土壤，指数基金的优势得以发挥。从实践中也可以看到，投顾机构更加青睐指数基金，在投顾机构销售的组合中，被动产品占据了更高的比例。如图 2.7 和 2.8 所示，美国家庭选择 ETF 做资产配置的比例显著上升。

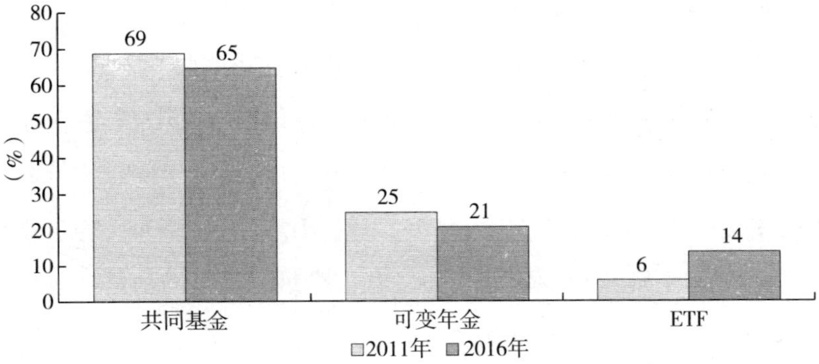


图 2.7　经纪商[1]投资顾问客户家庭资产的配置比例

注：1. 该类别包括经纪商以及区域性的、独立以及银行的经纪人员。

资料来源：ICI。

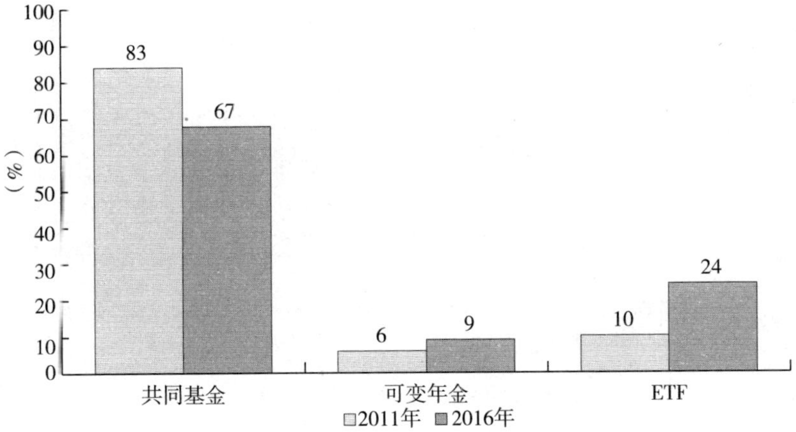


图 2.8　佣金制顾问[1]、投资顾问[2]客户家庭资产的配置比例

注：1. 该类别包括注册的投顾、双重注册的投顾及银行经纪业务人员。

2. 该类别不包括收到投顾建议后但在其他更加优惠渠道交易的投资者。

资料来源：ICI。

## 全球指数基金发展现状

美国指数基金发展历程如图 2.9 所示。截至 2017 年年底，美国普通指数基金的规模为 3.4 万亿美元，ETF 的规模为 3.4 万亿美元，两者相加的市场份额已经占到总基金市场规模的 35%。1995 年以来，普通指数基金和 ETF 的份额快速增长，2002 年占全市场基金的净值比例首次达到 10%，2011 年和 2016 年，这一比例分别上升至 20% 和 30%，截至 2017 年，这一比例约为 35%。普通指数基金和 ETF 呈现快速发展的趋势，其占全市场基金净值的比例增长至 10%、20%、30% 分别用时 27 年、9 年、5 年，而从 30% 增长至 35% 只用了 1 年。

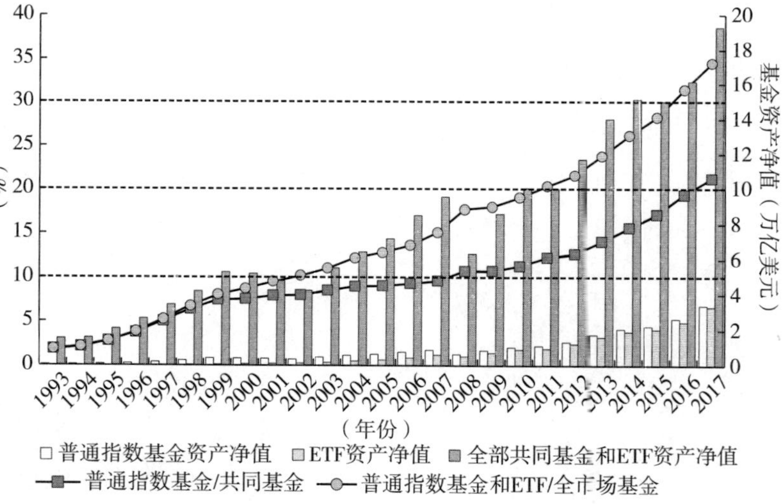


图 2.9 美国市场指数基金发展历程（不含货币市场基金）

资料来源：ICI，中证指数公司。

指数基金规模的不断增长背后是资金量明显的迁移，尤其是从主动基金向指数基金的资金迁移。从 2008 年至 2017 年，指数基金获取了连续 10 年的资金净流入，并且流入指数基金的金额越来越多，流出主动基金的越来越多。美国股票型指数基金和 ETF 获得了 1.6 万亿美元的净资金流入，而主动管理的股票型基金的净资金流出为 1.3 万亿美元，并且仍然呈现出不断扩大的趋势。因此可以说美国市场呈现出明显的“主动转被动”的趋势。如图 2.10、图 2.11，美国指数基金无论是资产净值还是资金流入都有显著增长。

从类别上看，ETF 成为场外指数基金之后快速发展的产品类型，而场外指数基金的规模也仍然保持着一定的增长。ETF 具备场内交易的功能，因此在满足指数基金的配置需求之外，还能够满足投资者的交易需求，而其独特的一二级市场申赎机制，还能够衍生出套利需求，有更多的产品策略可供应用。ETF 的规模在 2017 年首次超过普通指数基金的规模，在指数基金总规模的占比超过 50%。但是普通指数基金也仍然能够较好地满足投资者的配置需求，尤其是成立时间比较早的普通指数基金，规模比较大，对于大型机构仍然具有较高的吸引力，因此规模也仍然保持着一定的增长。

图 2.10　美国指数基金资产规模

注：2019P 表示 2019 年预测值。

资料来源：先锋领航集团。

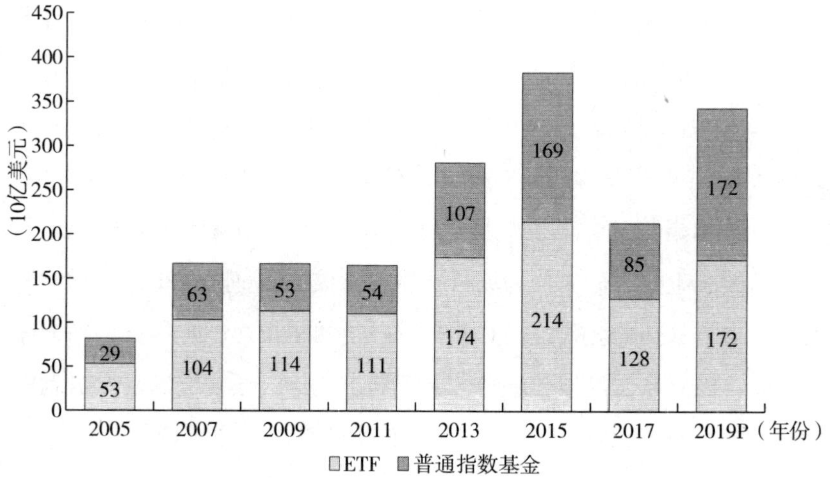


图 2.11　美国指数基金现金流

注：2019P 表示 2019 年预测值。

资料来源：先锋领航集团。

**| 延伸阅读 2.3 |**

## 全球 ETP 发展报告（2018）节选

截至 2018 年 11 月，全球 ETP（交易所可交易产品）数量和规模分别达到 7 782 只和 5.046 万亿美元，流入资金为 4 475 亿美元，实现了数量和规模的进一步扩张。自 2008 年以来，全球 ETP 市场保持了持续 10 年的资产规模净增长，相比 2008 年规模增加 4.27 万亿美元。在追逐风险和规避风险的环境中，ETP 资金流入始终保持正动量，这既来自指数投资的趋势，又得益于 ETP 产品种类日益丰富，可以能够满足投资者多样化的投资需求。

（资料来源：中证指数有限公司赵永刚、王倩如、吴曼丽。）

# 第三章　指数基金的中国故事

## 指数基金国内发展轨迹

### 国内“第一个吃螃蟹的人”

指数基金在美国已有 43 年的历史，但在中国还是一颗冉冉升起的新星，仅有 17 个年头。在中国，指数基金的引入是从交易所推动的指数创新开始的。故事要从 1999 年，也就是中国公募基金诞生的第二年开始讲起。那时的监管部门担心股市大涨大跌，就想引进股票价格指数期货（简称股指期货）。要做股指期货，就得有指数标的，而当时国内还没人专门研究指数化投资。于是，研究股指期货标的这个光荣而又艰巨的任务就交到了上海证券交易所（简称上交所）的手上，上交所便成了国内指数化投资研究领域“第一个吃螃蟹的人”。

曾任上交所信息中心总监助理、中证指数公司副总经理，现任上海华证指数信息服务公司总经理的刘忠开始研究和设计指数，他是上证 180 指数、上证 50 指数、沪深 300 指数、中证 500 指数等国内大部分重要指数的主要设计者和开发者。

1999 年，沪深交易所开始联合编制股指期货指数的原型——

沪深300指数。但股指期货的研究工作很漫长，经过多番论证，由于交易所的排他性要求和清算、申赎等技术障碍，要做跨沪市和深市两个市场的指数，当时有一定难度，所以沪深300指数推后了几年才发布。

几经周折，第一只指数选择了一个单市场指数。2002年7月1日，上交所发布上证180指数，这是国内第一只按照指数基金要求进行设计开发和运作管理的指数，它的规则化的选股、透明的编制方法、定期的样本调整、专家委员会运作机制等都成了国内后续指数编制管理的模板。随后上交所又发布了上证50指数、上证红利指数，深圳证券交易所（简称深交所）也发布了深证100指数。交易所在指数上的创新发展为国内指数化投资的发展奠定了基础，指数化投资逐渐受到投资者的关注，指数基金迎来了发展。

### 国内指数产品创新简史

2002年11月，华安基金管理公司发行华安上证180指数增强型证券投资基金（后来转型为华安MSCI中国A股增强型证券投资基金），开启了国内指数基金的先河。2003年年初，天同基金管理公司（后更名为万家基金管理公司）发行天同上证180指数证券投资基金，这是国内第一只全复制指数基金。2004年年底，国内第一只ETF——华夏上证50ETF诞生。

随着指数基金在国内的发展和股指期货的即将推出，指数的独立规范运作成为必然需求，组建专业的指数服务公司也水到渠成。2005年，由上交所和深交所共同出资发起成立了中证指数有限公司，前期由沪深交易所共同编制发布的沪深300指数也移交中证指数有限公司管理，该指数成了国内第一只股指期货标的，也是目前国内发行指数基金最多的标的指数。

此后几年，各类型指数基金快速发展。2009 年，国内首只指数分级基金——国投瑞银瑞和沪深 300 指数分级证券投资基金成立。2010 年，国内首只合格境内机构投资者（Qualified Domestic Institutional Investor，简称 QDII）指数基金——国泰纳斯达克 100 指数证券投资基金成立，指数基金配置走向国际化。随着指数化投资实践的深入，技术进步逐渐解决了跨市场指数基金运作的难题。2012 年华泰柏瑞沪深 300ETF 和嘉实沪深 300ETF 成立，成为国内首批跨市场 ETF，突破了交易所排他性限制，并成为融资融券标的。2013 年，国内首只债券型 ETF——国泰 5 年期国债 ETF 成立。2016 年，国内首只跨境投资产品——华夏沪港通上证 50AH 优选指数证券投资基金成立，为投资者同时配置境内和香港股票提供了指数化投资工具。

## 向先锋领航集团学习费率改革

国外指数基金被投资者广泛认可，费率低是它很大的一项优势，“基金教父”约翰·博格为此进行了长期的斗争。在国内，指数基金的费率虽然已经比主动基金低了很多，但相比美国还有一定的差距。目前，国内正在进行费率改革，指数化投资会越来越体现出低成本的优势。

指数基金最初被引入中国时，由于发行的第一只是增强型指数基金，所以首发时设置的管理费为 1%/年，托管费 0.2%/年。增强型指数基金由于不是完全复制跟踪指数的，有 20%~30% 资金由基金经理支配，所以费率介于普通指数基金和主动股票型基金之间也是可以理解的。但是很多后来新发行的普通指数基金也选取了这个费率。

2013 年，易方达沪深 300ETF 联接基金成立，2015 年易方达通过特批把该基金管理费率从 0.5%/年降到 0.2%/年。但由于国内基础市场波动大，费率的优惠与市场的波动相比，普通投资者根本感受不出来，其他基金公司也不敢贸然跟进。所有指数基金平均管理费率约为0.64%/年，托管费率约为0.13%，销售服务费率约0.32%/年。

这一情况一直到2015年才有所改变。2015年，余额宝的基金管理公司——天弘基金管理有限公司（简称天弘基金）发行了十几只普通指数基金，将管理费率统一定为0.5%/年，在托管上锐意创新，改为券商托管，改变了以往只有银行托管的局面，托管渠道的创新使托管费率降低到0.1%/年。A类申购费率为1%，线上各销售平台打一折，实际低至0.1%，持有大于等于30天时赎回费率为0.05%，是一般指数基金的1/10，无销售服务费。C类无申赎费，销售服务费率为0.2%/年（打折后）。天弘指数基金系列的出现全面降低了指数基金综合费率，带动了一批新基金将费率降低，老产品也纷纷修改合同向低费率产品看齐。虽然许多国内投资者对费率还没有过多的关注，但在投资的世界里，少一分成本，就多一分收益。基金公司让利，降低费率对用户是一件好事。

### 三起三落，正迎来第四次上升期

指数基金在中国的发展历程和国外也有相似之处：发展过程中一度遭到质疑，不是一帆风顺的。从2002年到2017年，国内指数基金的发行规模共经历了三次高峰，分别由普通指数基金、跨市场ETF和指数分级基金贡献。而其他时候，指数基金则显得有些黯淡无光，像极了美国指数基金发展的初期阶段。

如图3.1所示，国内指数基金发展的第一次高峰出现在2009年。在此之前，指数基金一直不温不火，2008年之后才迎来了首次数量、规模的双增长。2009年指数基金的发行份额达1 396亿份，其原因在于2007—2008年指数基金的业绩超越了主动基金，市场开始关注和追捧指数基金。金融危机后，国内投资者风险偏好下降，分散化投资和被动投资理念逐渐被市场接受，国内基金公司纷纷布局跟踪沪深 300、中证 500、中证 100 等宽基指数的被动基金，且产品形式主要是普通指数基金，跟踪这 3 条指数的基金贡献了该年发行份额的 62%。

第二次高峰出现在 2012 年，跨市场 ETF 是当年最大的亮点产品，华泰柏瑞沪深 300ETF 和嘉实沪深 300ETF 相继获批成立，发行份额分别为 329.69 亿份和 193.33 亿份，占全年 65 只基金发行份额的一半以上。

第三次高峰出现在 2015 年的大牛市，指数分级基金凭借高杠杆优势受到市场热捧，在激烈的竞争中，基金公司开始锁定细分

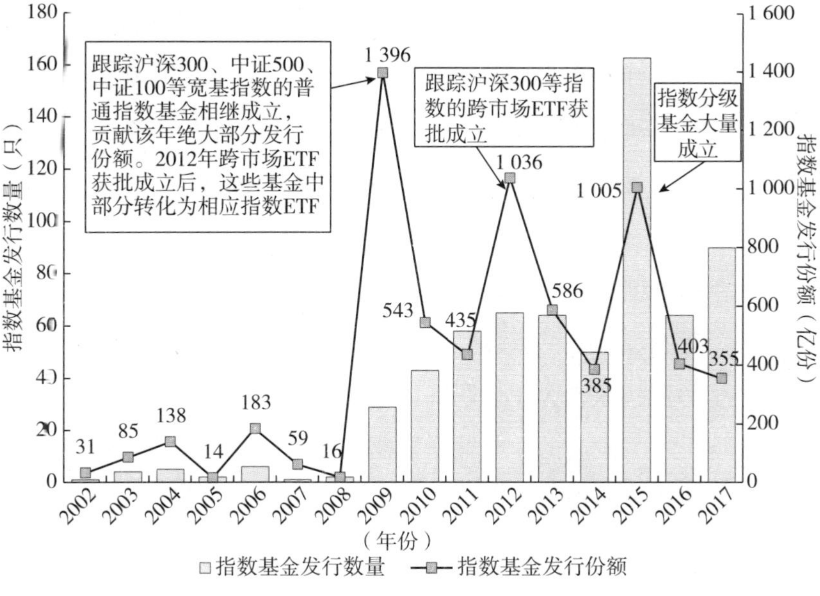


图 3.1　国内指数基金每年发行数量和规模

资料来源：万得资讯，中证指数公司整理。

板块，各类主题和行业指数分级基金涌现。全年发行指数基金达163只，至今仍保持发行数量最高的纪录，其中85只指数分级基金贡献了全部发行份额的50%左右。指数分级基金在2014年年末到2015年不到一年的时间，给指数基金贡献了将近2 000亿份的份额。

在缓慢发展两年后，2018年，国内指数基金迎来了第四次上升期。大资金仍疯狂买入ETF，如中国证券金融股份有限公司（简称证金）、中证金融资产管理计划（简称证金资管）、中央汇金有限责任公司（简称汇金）等机构，指数基金行业份额首次突破5 000亿元。

### 2018年突如其来的“躁动”

2018年深秋季节的基金业，其他各类权益类基金规模持续减小，指数基金却逆市而上，不断刷新规模纪录。ETF突如其来的“躁动”被业界关注，预判以ETF为代表的被动投资产品正式崛起，工具化的被动投资产品将迎来一个长期的风口。

这一次上升期与以往三次不同的是：以往三次上升是由产品创新、大牛市和新产品的发行带动的，而这一次来自指数基金行业内生动力，是在熊市底部区域，机构和个人投资者布局“抄底”老产品而产生的。指数基金作为跟踪市场最简单、便捷的工具，被各类投资者认可。大资金的净申购是这次指数基金规模迅速增长的主要原因，在股市低位震荡的背景下，个股又屡现“黑天鹅”风险，费用低廉、持仓透明、风格稳定、交易便利的指数化投资产品，成为机构投资者配置权益类资产的首选。

16年来，指数基金在中国的路走得很曲折，虽然有一些基金公司积极地将指数基金作为战略发展方向，但指数基金既不能在牛市中成为公司夸耀业绩的“明星”，也很难像货币基金那样扮演“规模倍增器”的角色，因此总是“叫好不叫座”。而2018年的这次行业内生动力带来的机构投资者对产品价值的认同，让指数基金终于得到了崭露头角的机会。

## 指数基金的中国特色

### 互联网基因

中国基金业的产品模式大多是从美国学习借鉴来的，指数基金也不例外，但本土化之后，也很有中国特色。要说哪一方面最不一样，那就是其互联网基因。根据中国互联网络信息中心数据，截至2018年6月，我国互联网用户规模达8.02亿，其中手机互联网用户规模达7.88亿，互联网用户通过手机接入互联网的比例高达98.3%。互联网生活方式已深入渗透中国人民的日常生活，网购、外卖、互联网理财、移动支付等迅速发展，互联网已成为中国优势产业之一。随着互联网和金融的深度融合，中国金融业也正在发生翻天覆地的变化，指数基金的中国故事，也带着互联网基因。

2013年，支付宝和天弘基金联合推出了余额宝，将普惠金融带到了大部分城市和乡村，给大众做了一次现金管理的理财启蒙。随后，海量用户迅速涌入各大基金销售平台，蚂蚁金服、天天基金、盈米等基金在线销售平台崛起。刚开始只有小白用户，逐渐高净值用户、有经验的用户都进来了。

用户的投资需求可以概括为两方面：一是追求本金安全，在此基础上获得一定的利息，对收益期待不高，余额宝等固定收益类产品即可满足；二是追求权益投资回报，通过承担风险来获取超额收益。指数基金因为简单、清晰、标准、顺应客户行为在线化，成为非常适合互联网平台生态的投资品种。随着基金客户行为的在线化，完善相应的配套服务、综合提升用户体验成为各大基金公司和基金销售平台努力研究的课题，在线投资顾问服务（下称在线投顾）应运而生。

互联网给指数基金带来的机遇，在美国是没有经验可循的，这是中国指数基金的特色，也可能是未来走出一条不同寻常之路的新动力。

## 用户代际更迭

投资行为的背后，起决定性因素的是人的心理。人的心理往往与其所处的时代变迁的轨迹息息相关，深受社会政治、经济和文化等方面的综合影响，体现出较强的时代烙印。尤其是在快速发展的社会背景下，不同代际之间在思想方法、价值观念、生活态度、兴趣爱好方面存在的差距也会更大。

从个人投资者代际发展的角度看，由于中国经济的快速发展，不同年龄段的投资者展现出较大的观念差异，目前正处在投资者新老换代的交接期，新一代 80、90 后的投资者逐步成为投资理财市场的中坚力量。90 后是轻松、乐观的社交一代，他们更倾向于做个性化、时尚、有趣、有挑战的事情，他们有自己的生活压力和焦虑，但行动很积极。他们喜欢指数基金等权益投资，喜欢简单、时尚的投资方式。80 后是乐观而又分化的矛盾一代，他们对收入分配关注度较高，可能会抱怨没赶上分房分工作、义务教育免费，但他们也是乐观、勇敢尝试的一代。他们尝试过多种投资方式，现在是投资理财市场的中坚力量，对权益投资又爱又恨，很多人工作后还没有经历过一轮完整的牛熊市。70 后是现实、中立的一代，他们既不像 50、60 后那样保守，也不像 80、90 后那样乐观。他们中很多人见过牛市的疯狂、熊市的落寞。50、60 后是优越却不安逸的一代，他们经历过从最坏的时代到最好的时代的转变，他们有一定的财富积累，有一定优越感，对风险也格外关注。他们中一小部分人喜欢自己研究权益投资，而绝大多数人更喜欢储蓄，存活期、存定期，他们认为 P2P（互联网金融点对点借贷平台）也是存款，所以对 P2P 也很青睐。

上一辈人认为未来充满不确定性，所以相对保守，更希望通过储蓄的方式，给儿孙留下一点财产。而新时代的年轻人对国运的预期要比上一辈人好，他们更注重自我价值的实现，愿意尝试新的生活方式，对未来充满好奇，也不那么害怕失败。权益投资为他们打开了一扇新的大门，让他们有路径通过冒一定的风险，实现更大的投资目标。

余额宝对中国人民来说，是一次全民投资理财启蒙，拉开了互联网金融的大幕，从那以后，很多年轻的投资者涌入投资理财市场。但很多人在工作后有钱可投资的时候还未经历过一轮完整的牛熊市。他们可能听说过 2006 年、2007 年很多人一夜暴富的故事，可能也赶上过 2016 年的“熔断”，他们跃跃欲试，但只敢小试牛刀，毕竟近几年的市场赚钱效应并没有那么明显。他们想往前再迈一步，但又不愿意花那么多精力去学习理财方面的知识。指数基金就像一座桥梁，帮助他们渡过权益投资难题这条大河。指数基金因其简单、清晰、工具化的特性，成为越来越多年轻人的投资新选择，也成为他们的生活方式之一。

“打破刚兑”是大势所趋，保本保收益的产品容量越来越小。投资者要想通过理财实现财富增值，货币基金和保本保收益的产品已无法满足他们的需求。在这种大环境下，投资者需要面对本金有风险的现实，学会通过权益投资分享经济成长的红利，实现财富增值。在这个趋势到来之前，选择一条简单、放心的路，迈向权益投资，是年轻人的明智之选。

### 基础市场波动大

指数基金还有一个中国特色，也可以说是新兴市场的特色，那就是基础市场股票大涨大跌。只不过其他国家没有像中国股市这么大的新兴市场，所以也无经验可循。大涨大跌的行为反映的是中国股票市场的投资者结构，以及投资者情绪。

国内指数基金的投资者中个人投资者仍占据主导地位。截至 2018 年年中，选择普通指数基金、分级基金、ETF 联接基金和指数型 LOF（上市型开放式基金）的个人投资者占比均高于 60%，甚至高达 80%，对应的机构投资者占比均低于 40%，甚至低至 20%。散户往往认为自己很聪明，可以获取一些内幕消息，会短期频繁申赎，群体性跟风特征明显，这给基金管理带来一定困难。A 股的投资者结构一方面是造成基础市场波动性比较大的原因之一，另一方面也是指数基金发展程度没有美国市场高的重要原因。

虽然从长期来看，指数是具有上涨预期的，但由于国内基础市场“过山车般”的波动，指数基金在过去几年的赚钱效应并不明显。且市场的下跌时间远长于上涨时间，呈现出明显的“牛短熊长”的特点，比如 2006—2007 年和 2014—2015 年的两轮牛市，都是短期内指数迅速上涨，推高估值后泡沫破灭，随即是长达数年的下跌和震荡。这种情况导致国内的投资者很难像美国投资者一样，仅靠长期持有某只指数基金即可获得不错的年化收益，而国内的 A 股市场更考验投资者的择时能力，很多投资者买在高点，卖在低点，一次“重伤”，数年“不愈”。

不只是指数基金的赚钱效应不明显，近几年，除了货币基金，其他基金都不太受欢迎。但是，指数基金正凭其简单、清晰、便宜、工具化的产品优势，在中国基金投资业的寒冬中顽强地生长，规模和用户数量都在不断增加。

## 指数基金国内发展现状

### 规模达 6 821 亿元，行业占比 14. 3%

截至 2018 年年底，国内共有 567 只指数基金，资产规模共计 6 821 亿元（ETF 联接基金、ETF 货币基金除外），指数基金净值占全市场基金净值的比例为 14. 3%。相比于美国指数基金占全市场基金规模的 35%，国内指数基金仍处于发展初期，未来的发展空间较大。128 家公募基金公司中有 77 家发行了指数基金，其中，54 家基金公司管理了多只指数基金。

近年来，美国指数基金在市场中的占比节节攀升，中国指数基金也生机勃勃，体现出和美国指数基金发展轨迹相同的趋势，产品数量和规模不断扩大，发展速度明显快于主动基金。其快速发展主要发生在 2006—2014 年，指数基金净值占全市场基金净值的比例从 3. 6% 提升至 21. 6%，之后有所回落。

### 普通指数基金、ETF 和分级基金占市场主流

经过 17 年的发展，从交易方式上看，国内指数基金已经发展出普通指数基金、ETF 及 ETF 联接基金、增强型指数基金、分级、LOF、股权换购 ETF、ETF 期权等多种类型。

那么投资者最喜欢哪个呢？一般来说，个人投资者更喜欢普通指数基金，机构投资者则更喜欢 ETF，赌徒型投资者或者自信

型投资者则青睐指数分级基金。普通指数基金是大多数个人投资者的第一选择，因为其申购比较方便，相关概念也比较简单、清晰。ETF 是机构投资者的“宠儿”，门槛较高，所以大部分是机构投资者在交易，尤其是“国家队”主力军——中央汇金，它持有的 ETF 及 ETF 联接基金占总量的比例达 2/3。指数分级基金内含杠杆机制，在市场上涨的时候有机会获得超越指数的投资收益，当然，在市场下跌时，加上杠杆，跌幅之大也是可想而知的。但是经过 2015 年的牛市，以特色鲜明的行业、主题指数做分级基金的产品快速发展。2017 年 5 月分级新规实施以来，指数分级基金规模开始持续缩水，2018 年在股市下跌和资管新规的双重影响下，指数分级基金或下折或转型，其场内份额已缩至 400 余亿份。

截至 2018 年年底，ETF、普通指数基金、指数分级基金分别占全市场指数基金资产净值的 55.81%、28.17% 和 12.59%，其他类型占比很小。

## 宽基指数占主流，细分行业锦上添花

指数基金从其跟踪的标的和策略角度，可细分为宽基指数、主题指数、行业指数、风格指数、策略指数、商品、债券、跨境等多种类型。国内宽基指数基金最早出现在 2002 年，2005 年出现了主题指数基金，2009 年和 2010 年分别出现了策略指数基金和行业指数基金。从品种发展趋势来看，和美国市场比较一致，都是宽基占主流，细分行业锦上添花。

截至 2018 年年底，567 只指数基金中跟踪宽基指数、主题指数、行业指数、风格指数、策略指数的基金规模分别为 3 514.6 亿元（51.50%）、1 021.8 亿元（14.98%）、710.6 亿元（10.42%）、

36.2 亿元（0.53%）和 71.3 亿元（6.90%）。

## 基金公司形成差异化竞争

作为指数基金的管理人，各家基金公司对指数化投资的重视程度不尽相同。指数基金作为一个独具特色的品种，一般稍有能力的基金公司都会布局几只。有些公司只发行一两只指数基金，以弥补其在指数投资品种上的空白。有些公司则把指数化投资作为公司的战略发展方向，绞尽脑汁地创新，努力布局指数基金产品线。

几家老牌基金公司凭借先发优势，旗下指数基金产品规模领先，ETF 成为优势产品，受机构投资者热捧，单只基金规模较大；有些基金公司努力做到差异化，例如集中布局指数分级基金、增强型指数基金，追求特色鲜明；有些基金公司则以数量取胜，例如一家公司旗下的指数基金数量可能超过 50 只，并且追踪主题、行业等多种指数；还有一些基金公司则重点布局行业类 ETF 和联接基金。银行领域的基金公司则不太喜欢低费率的指数基金，因为银行的销售渠道强大，客户经理会更偏好销售费率更高的主动基金。

如今，几家龙头基金公司的指数基金产品线都已非常齐全，且各具特色。以天弘基金为例，其发行了一系列低费率的指数基金，这些指数基金覆盖了主流宽基指数和行业指数，均是普通场外指数基金，在产品定位上非常契合个人投资者以及配置型机构投资者的需求。产品简单、易于理解、费率低廉，非常适合作为工具使用，且天弘基金还在各类互联网基金销售平台提供多种多样的陪伴服务，拉近了投资者与指数基金之间的距离，帮助投资者进一步了解和用好指数基金。

**延伸阅读3.1**

## 公募基金20年回顾：指数化投资的发展与展望

华夏基金长期在指数基金中处于领先地位，旗下指数基金数量不多，但单只基金规模较大，在上证50、沪深300等宽基ETF上有绝对优势，其上证50ETF成为国内唯一一只ETF期权的标的，发行了国内首批行业ETF，其恒生ETF是国内成交最活跃的港股ETF。

富国基金以指数分级基金和增强型指数基金为主，多跟踪主题和宽基指数，经历2014—2015年指数基金规模爆发性增长后，目前有指数分级基金10只，增强型指数基金6只，其中沪深300增强基金运作时间最久，最为成功。

易方达基金目前规模较大的是跟踪上证50、创业板和恒生H股指数的基金，近年来指数基金布局的重点方向是QDII产品，已有9只投资于香港、美国等地的境外基金。

南方基金以ETF和联接基金为主，以中证500ETF规模最大，宽基、行业、主题、策略、QDII均有布局，特色产品包括大数据100/300、小康产业、金砖四国等。

华安基金是国内首家发行指数基金的公司，在很多产品布局上都处于行业领先位置，如发行国内首只DAX 30 ETF，首只二级市场定增指数基金，首只MSCI指数基金等。

广发基金是管理指数产品数量最多的基金公司，产品类型以ETF和联接基金为主，2014年后产品规模爆发式增长，近三年新成立指数基金35只，布局10只全指行业ETF和联接基金，打造全行业产品线和医疗、养老、汽车、军工、环保、传媒等多个主题型指数产品。

鹏华基金是分级大户，28只指数基金中有17只分级基金，跟踪标的以内地主题及行业指数为主，宽基指数和境外指数的布局较少。

天弘基金具有明显的互联网特色和散户特色，旗下指数基金销量主要来自线上销售平台，涵盖宽基、行业等指数，费率较低。

（资料来源：中证指数公司副总监赵永刚。）

# 第二部分

# 指数基金投资实践

# 第四章　散户大数据分析教你知己知彼

人们在接触新事物的时候，一开始往往会去质疑，但真理越辩越明，随着被质疑到逐步被接受，新事物的处境会发生翻天覆地的变化。比如余额宝，初期经历过一些争议，但随着敢于尝试的用户越来越多，口碑越来越好，之后发展迅猛。

国内的指数基金还处于发展的初级阶段，很多人甚至对其还不熟悉。如前文所述，互联网带来的便利是中国独有的特色，余额宝的出现使许多投资者的理财意识逐渐增强，而且他们并不局限于固定收益领域，开始涉足更为复杂的权益领域。指数基金简单清晰的优势成为他们的首选，下文中我们将通过多维度数据从不同角度来刻画这些投资者的形象。

## 散户眼中的指数基金

在刻画他们的投资行为之前，我们需要先了解他们是怎么想的，他们是如何认知基金和指数基金的。

天弘基金于 2018 年年底进行了一轮大样本调研，让我们一起来看看国内散户投资者眼中的指数基金。

本次调研共计回收 3.5 万份有效问卷，通过天弘基金后台销售数据匹配。为了便于区分和分组研究用户行为，将3.5万被访人定义为“总体用户”，将听说过并且购买过指数基金的人定义为“投资者”，将其中600名购买过天弘指数基金超过1万元的人定义为“天弘高净值用户”。

## 对基金的认知现状

1. 用户普遍了解基金，但对指数基金的认知还有待加强。

调研发现，目前用户对基金的了解水平普遍较高。如图4.1所示，55.2%的总体用户可以根据市场行情或者媒体推荐来选择需要的产品，10.4%的总体用户表示不太了解基金。天弘高净值用户的专业水平更高，70.3%的用户可以自主进行基金投资决策。2013年，支付宝和天弘基金联合推出了余额宝，余额宝对接的是天弘余额宝货币市场基金，“基金”这个名词开始频繁出现在大众眼前，逐渐被用户熟知，公募基金的客户数量也由之前的几千万增长到5亿多。

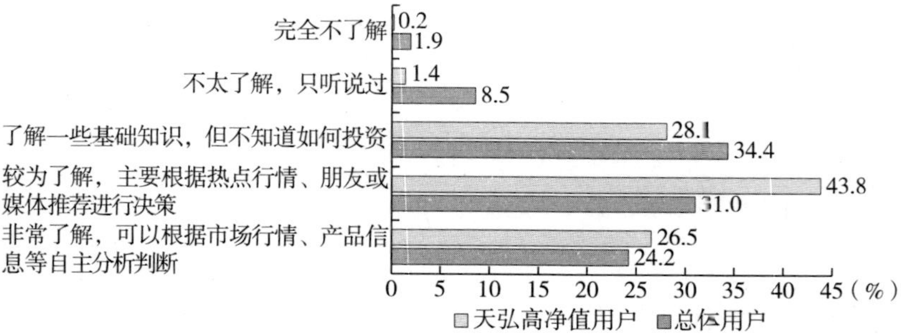


图4.1 用户对基金的认知情况

资料来源：新浪财经、天弘基金。

但是，用户对指数基金的了解程度还不是很高。调研发现，虽然有75%的总体用户听说过指数基金，且其中的60%购买过指数基金，但根据天弘基金的销售数据，购买过天弘指数基金的投资者仍有 17% 不太了解指数基金。这说明不少用户对指数基金或者对基金的类型没有准确的认识，即使购买过也“不识庐山真面目”。

听说过指数基金的总体用户有 40% 没有购买过指数基金，他们可能是受当前市场环境的影响，或是因为对指数基金不了解，或是认为指数基金与其风险偏好不符等，具体原因如图 4.2 所示。

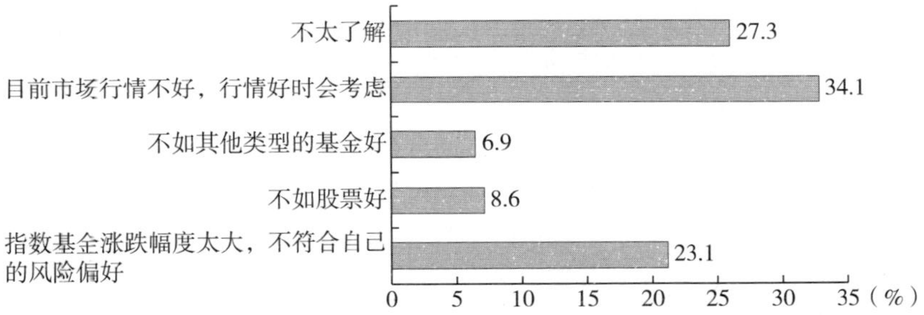


图 4.2　听说过指数基金的总体用户未投资指数基金的原因

资料来源：新浪财经、天弘基金。

2. 投资者基本了解指数基金与货币基金的区别，并对指数基金的收益有较高期望。

被调研的投资者虽然对收益的预期各不相同，但对指数基金的风险收益特征有较清晰的认识，基本不会把货币基金与指数基金看作同类产品。投资者中的大多数还是对指数基金的收益有较高预期。29.5% 的投资者希望能获得超越大盘的收益，36.9% 的投资者希望获得接近大盘的市场平均收益，具体如图 4.3 所示。产生这种结果的原因可能有两个：第一，投资者比较专业，认为自己可以通过择时判断，利用指数基金作为投资工具来获得超越大盘的收益；第二，投资者对指数基金没有准确的认知，还是把指数基金当成普通的股票基金，希望指数基金可以为自己带来“超额收益”。

投资者投资指数基金的目标年化收益率如图 4.4 所示，63.3%

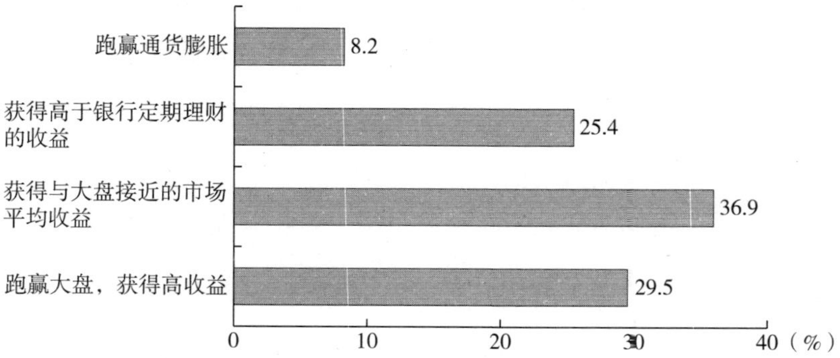


图 4.3　被调研的投资者投资指数基金的目的

资料来源：天弘基金。

的投资者希望通过指数基金获得 10% 以上的年化收益率，还可以看出天弘高净值用户的目标年化收益率更加聚焦，82.4% 的天弘高净值用户的目标年化收益率在 5%~20%。

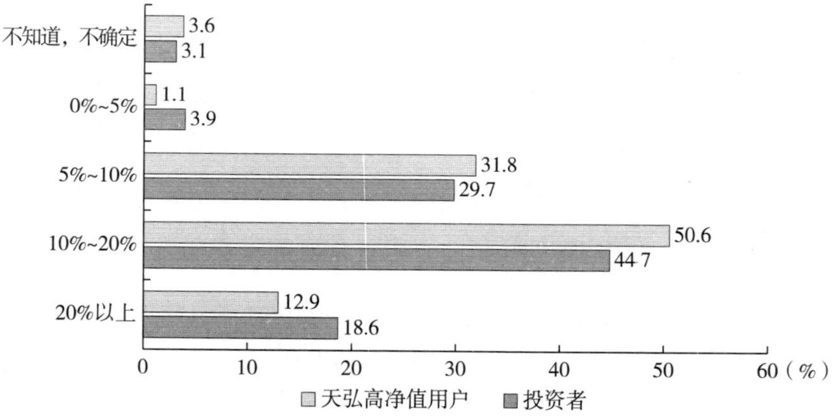


图 4.4　投资者投资指数基金的目标年化收益率

资料来源：天弘基金。

投资者投资指数基金可承受的亏损程度如图 4.5 所示，可以看出 68.6% 的投资者可以承受 10% 以上的亏损，仅有 3% 的投资者表示无法接受亏损。79.4% 天弘高净值用户可以承受 10% 以上的亏损，可以看出其对亏损的承受能力相对更高。

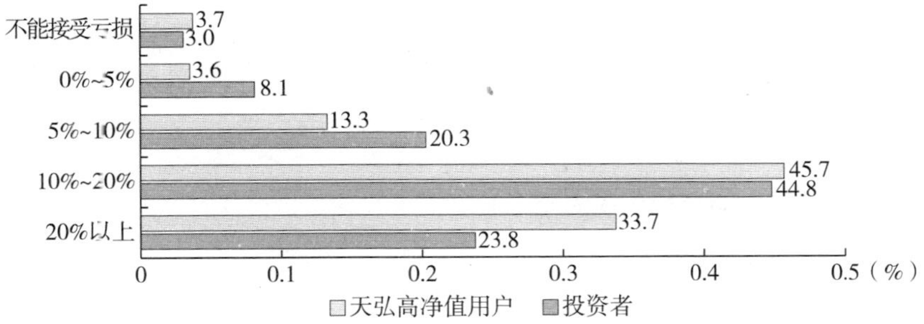


图 4.5　投资者投资指数基金可承受的亏损程度

资料来源：天弘基金。

3. 投资者可主要分成“技术派”与“情怀派”。

尽管指数基金过去在中国发展时的赚钱效应不如美国明显，但我们仍然可以看到投资者对国运、对指数充满信心。虽然投资者对指数基金的看法不尽相同，具体如图 4.6 所示，但他们大体上都有比较正确的认知，会用长期眼光看待指数基金的发展，基于长期投资的目的购买指数基金。我们可以将他们主要分为两派：36.9% 的投资者认为市场处于底部区域，投资时机较好，可以称其为“技术派”；30.7% 的投资者相信国运，坚信指数基金未来一定会上涨，可以称其为“情怀派”。在天弘高净值用户中，“技术派”占比更高。

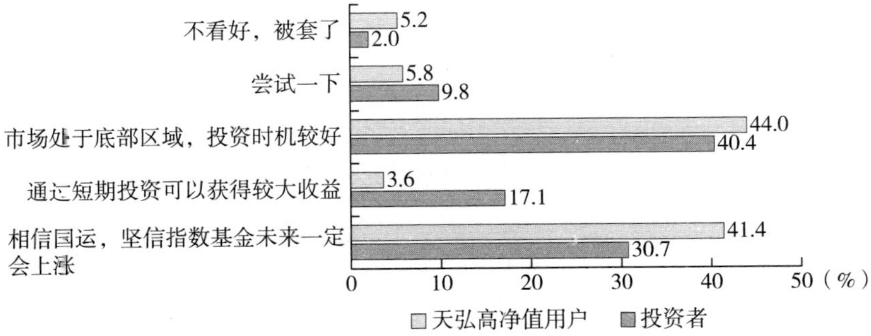


图 4.6　投资者对指数基金的看法

资料来源：天弘基金。

4. 大部分购买过指数基金的投资者会推荐分享。

生活中，当遇到性价比高的商品时，我们往往会推荐给自己的亲朋好友。在投资领域，也存在这种现象。如图 4.7 所示，75.4% 的投资者愿意推荐指数基金。

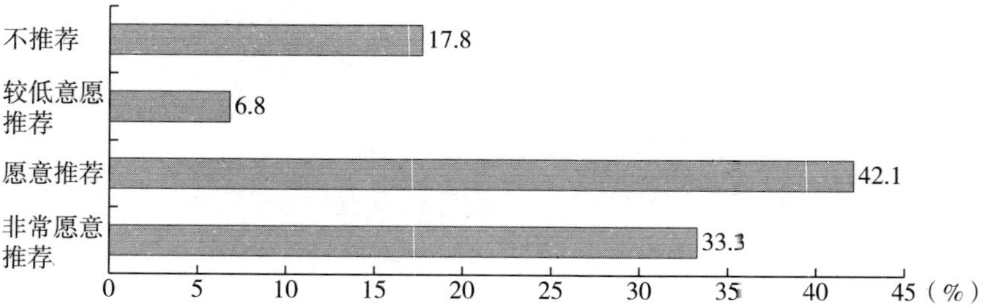


图 4.7　投资者推荐指数基金的意愿

资料来源：天弘基金。

## 指数基金投资者的持有现状

1. 投资者为什么购买指数基金？其购买行为受哪些因素影响？

31.4% 的投资者看重指数基金费率低的特点，35.6% 的投资者看重指数基金简单、清晰、易理解、持仓股透明、容易跟上市场行情的特点，具体如图 4.8 所示。

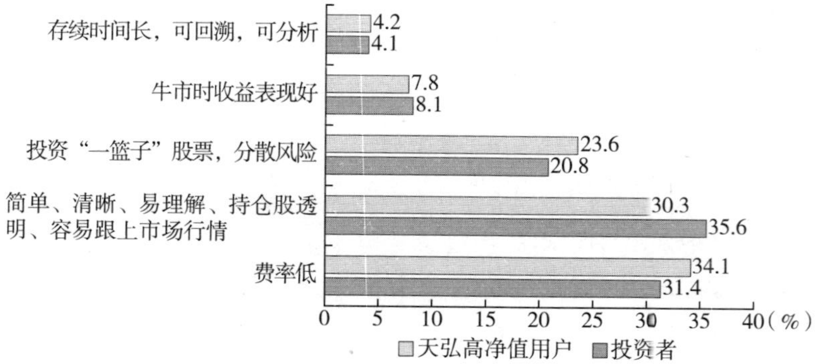


图 4.8　指数基金打动投资者的原因

资料来源：天弘基金。

投资者做决策时辅助信息的来源较为分散，决策综合化。如图 4.9 所示，34.9% 的投资者购买指数基金主要是因为自己综合研究后觉得不错，19.4% 的投资者是因为银行、券商的推荐，17% 的天弘高净值用户更容易受基金销售平台的推荐或活动的影响。

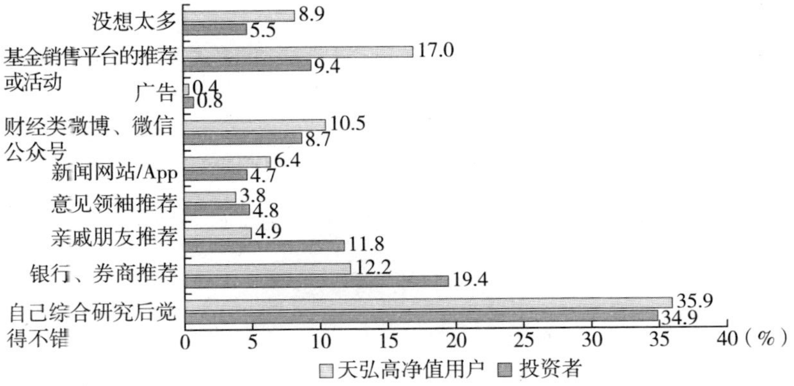


图 4.9　影响投资者购买行为的因素

资料来源：天弘基金。

如图 4.10 所示，投资者主要关注产品的长期业绩、产品费率，相对较少考虑自己对基金公司熟悉程度和基金经理的因素。天弘高

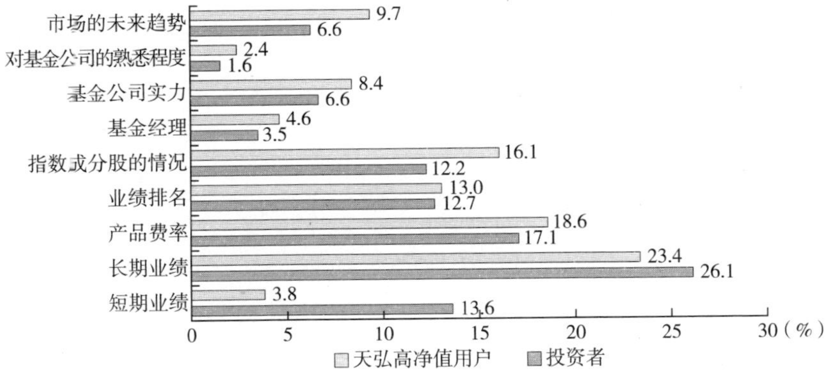


图 4.10　投资者购买指数基金时关注的信息

资料来源：天弘基金。

净值用户比投资者更关注指数成分股情况、市场的未来趋势及产品费率等，对短期业绩关注相对较少。

2. 投资者是怎样持有指数基金的？

投资者目前持有指数基金的金额普遍较低，如图 4.11 所示，57% 的投资者的持有金额在 5 000 元以下，24% 的投资者的持有金额在 1 000 元以下，仅有 8% 的投资者持有金额在 50 000 元以上。

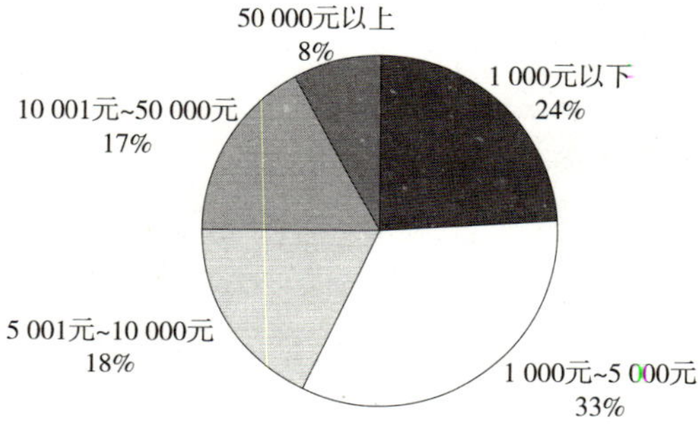


图 4. 11　投资者持有指数基金的金额的情况

资料来源：天弘基金。

投资者更偏爱长期持有指数基金，如图 4. 12 所示，46. 7% 的

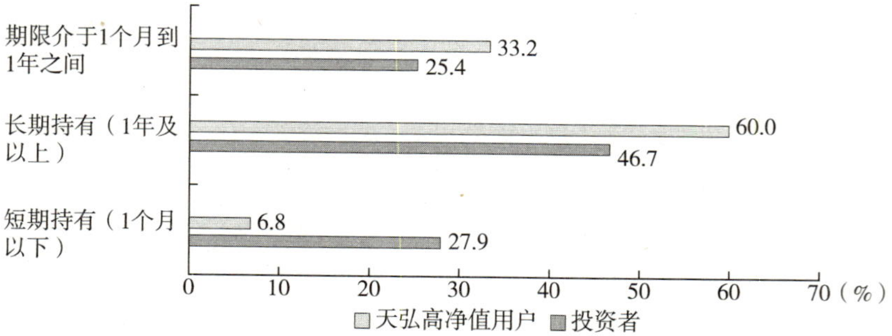


图 4. 12　投资者持有指数基金的期限的情况

资料来源：天弘基金。

投资者持有指数基金1年及以上，60%的天弘高净值用户持有指数基金1年及以上，仅有6.8%的天弘高净值用户持有指数基金1个月以下。

投资者持有指数基金的方式如图4.13所示，77.0%的投资者选择定投指数基金，只做单笔申购的投资者仅占23.0%。在天弘高净值用户中，82.9%的用户都选择定投指数基金，17.1%的用户只做单笔申购。

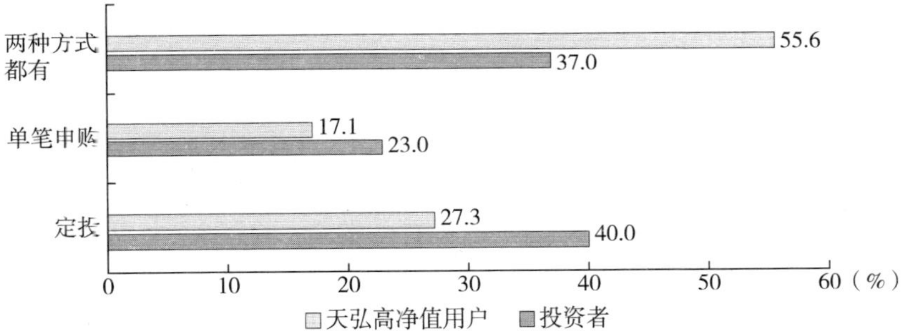


图4.13　投资者持有指数基金的方式

资料来源：天弘基金。

3. 投资者如何应对上涨和下跌的极端市场情况？

如图4.14所示，当指数基金上涨超过目标收益率时，48.8%的投资者会选择卖出，与选择继续持有的人数基本相当，仅有

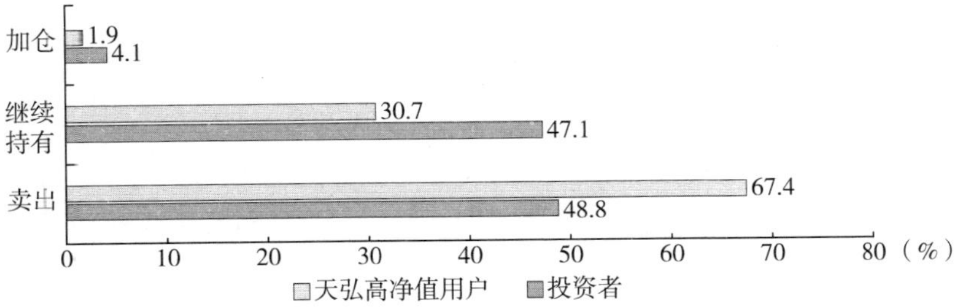


图4.14　投资者获得目标收益率时的选择

资料来源：天弘基金。

4.1%的投资者选择加仓。天弘高净值用户更专业，67.4%的用户会及时卖出止盈。

如图4.15所示，当指数基金下跌超过投资者的心理预期时，42.2%的投资者会选择加仓，分摊风险，35.7%的投资者选择卖出，止损。而天弘高净值用户再次显示出其专业性，仅有7.3%的用户会卖出，止损，有62.7%的用户会选择加仓。

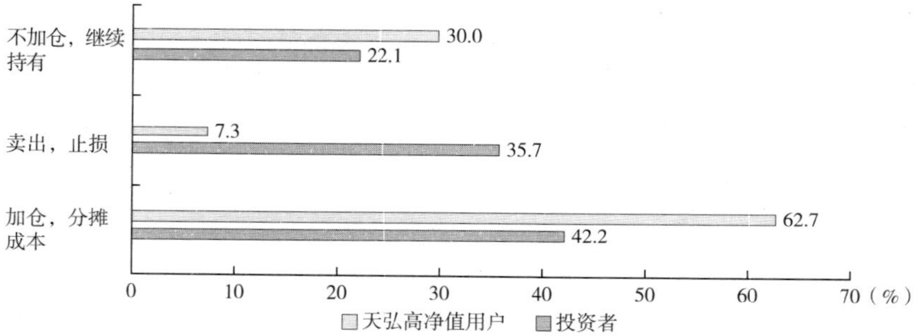


图4.15　投资者面对下跌超过心理预期时的选择

资料来源：天弘基金。

## 散户的资金结构现状

为了更好地观测国内散户投资指数基金的行为，我们选取业内指数基金投资个人用户数最多的公司——天弘基金，通过该公司的指数基金个人用户的投资画像，来介绍散户投资指数基金的现状及变化趋势。天弘指数基金系列是天弘基金继余额宝之后的又一次战略性产品布局，覆盖了主流宽基和行业指数，费率处于行业较低水平，追求精准跟踪股市指数。天弘指数基金已经运作近四年，积累了近1 000万指数基金用户，而且几乎都为散户，积累了海量用户交易行为数据，对指数基金散户的概貌也有整体的认识，以下对一些主要数据结论进行描述。

## 个人用户人数占比 99.99%，保有金额占比 89.7%

天弘指数基金的客户结构正是中国指数基金互联网特色的典型呈现，由于天弘指数基金大多数是通过互联网平台销售的，所以个人用户，尤其是线上个人用户占比很高，机构用户占比很小。如表 4.1 所示，截至 2019 年 3 月 31 日，天弘指数基金的个人用户人数占比 99.99%，保有金额占比 89.7%，机构用户人数占比 0.01%，保有金额占比 10.3%。在公募基金行业机构持有基金占比不断攀升的背景下，如果要观察和借鉴线上个人用户的现状和行为，天弘基金的近 1 000 万用户无疑是最好的样本。

表 4.1　天弘指数基金投资者结构现状

| | 人数占比（%） | 保有金额占比（%） |
|---|---|---|
| 机构用户 | 0.01 | 10.3 |
| 个人用户 | 99.99 | 89.7 |

资料来源：天弘基金大数据中心。

## “二八现象”明显，10.8%的用户对应的保有金额占比达 90.5%

截至 2019 年 3 月 31 日，天弘指数基金各保有金额分段用户人数及保有金额占比如图 4.16 所示，55% 用户保有金额在 100 元以下，对应保有金额占比仅有 0.3%。88.3% 用户保有金额在 5 000 元以下，对应保有金额占比仅有 9.2%。11.7% 用户保有金额在5 000元及以上，对应保有金额占比却高达 90.8%。在指数基金投资上，“二八现象”很明显，并且更加强烈，一成的用户几乎贡献了九成的保有金额。产生这种现象的原因有两个：第一，大多数用户抱着“试一试”的心态购买指数基金；第二，用户结构偏年轻化，资金积累少，但敢于尝试。理财是一个循序渐进的过程，普通散户初次尝试权益投资，不妨先用少量金额尝试，待熟悉后再择时加仓。为了让普通散户也能接触权益投资，天弘指数基金将购买门槛设为10元。线上销售平台为了让用户体验到权益类产品的收益变化，且又使风险可控，通常建议将投资门槛设为100元。不过要想通过权益投资实现较大的财富目标，投资者需要提高本金，根据整体用户的特征来看，5 000元及以上是一个可参考的值。

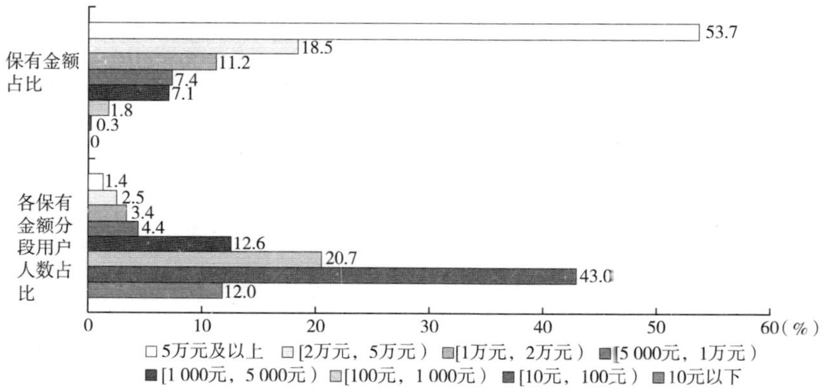


图4.16　各保有金额分段用户人数及保有金额占比

资料来源：天弘基金大数据中心。

## 用户人数留存率为37.8%，资金留存率为16.2%

截至2019年3月31日，天弘指数基金用户中，整体用户人数留存率为37.8%，整体资金留存率为16.2%。这种情况与股票投资有一定的相似之处，具体表现为：资金快进快出，寻找波段机会，根据行情变化来买卖指数基金。这也说明这近1 000万用户中，有不少人是权益投资的高手，拥有一定的择时能力，可以利用指数基金作为投资工具来快速跟上市场行情。

对于普通散户的借鉴意义则是，指数基金不一定要买入长期持有，很多投资者都在波段操作，根据行情变化来买卖。当然，前提是投资者要足够了解指数基金，对行情有自己的判断，才能使用好指数基金这一工具。投资者如果不会判断，可以定投，或者借助止盈工具、智能投顾服务等方式来协助投资。

## 人均持仓金额与股市同涨同跌

自 2015 年天弘指数基金上线以来，人均持仓金额走势基本与市场的涨跌幅度一致，波动较大，如图 4. 17 所示。在 2015 年牛市高点前夕，月度人均持有金额最高，达到 5 790 元。与股市同涨同跌的投资情绪对推动用户持有金额的变化起关键作用，也就是“追涨杀跌”，从过往数据来看，当用户大幅加仓追涨时，牛市往往已进入阶段性高点。从图 4. 17 可以看到，自 2018 年年初以来，人均持仓金额开始稳步上升。

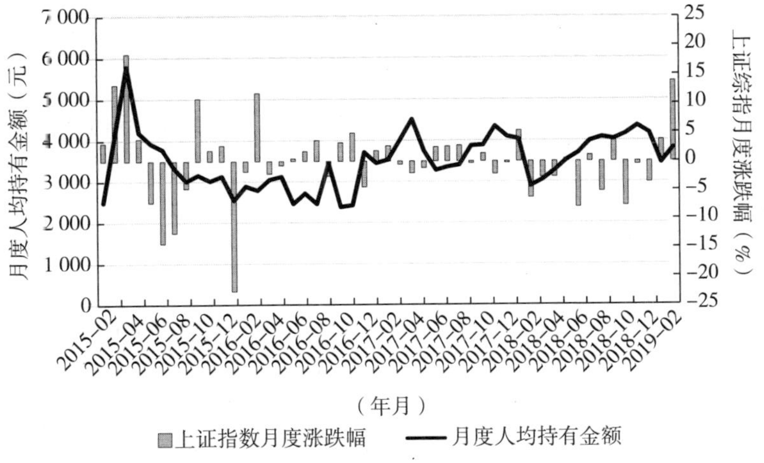


图 4. 17　月度人均持有指数基金金额与对应的上证指数月度涨跌幅度对比

资料来源：天弘基金大数据中心。

## 散户的画像分析

购买指数基金的投资者是一群什么样的人？他们在购买指数基金时是什么样的心态？他们究竟是赚了还是亏了？

### 男性更爱冒险

从性别来看，天弘指数基金用户的男性占比为65%，女性占比为35%，而同时期天弘余额宝货币基金的男女比例为53%和47%。可以看出，指数基金用户的性别比例与余额宝用户的性别比例有明显的差别，我们推测主要有两方面原因：一是，高风险、高弹性的指数基金更符合男性用户的偏好；二是，男性一般冒险意识更强，易于接受从余额宝到指数基金的转变。

### 80、90 成为指数基金用户主体

指数基金用户平均年龄为33岁，年轻的80、90后已成为用户主体，占比81.6%，如图4.18所示。其中，80后的用户人数占比最大，为41.8%，对应的保有金额占比为37.1%；90后的用户人数占比次之，为39.8%，对应的保有金额占比25.8%；60、70后的用户人数占比分别为4.6%、12.5%，对应的保有金额占比分别为11.2%、21.9%。可以看出，90后尚处于人生起步阶段，资金实力较弱，但这一年轻群体对指数基金的参与热情很高，他们乐于尝试新事物，并且随着人生阶段的进阶、收入的增长，相应地，投资金额应该会有较大提升空间。80后已经成为指数基金投资的中坚力量，理财意识和资金实力都较强，勇于尝试权益投资。

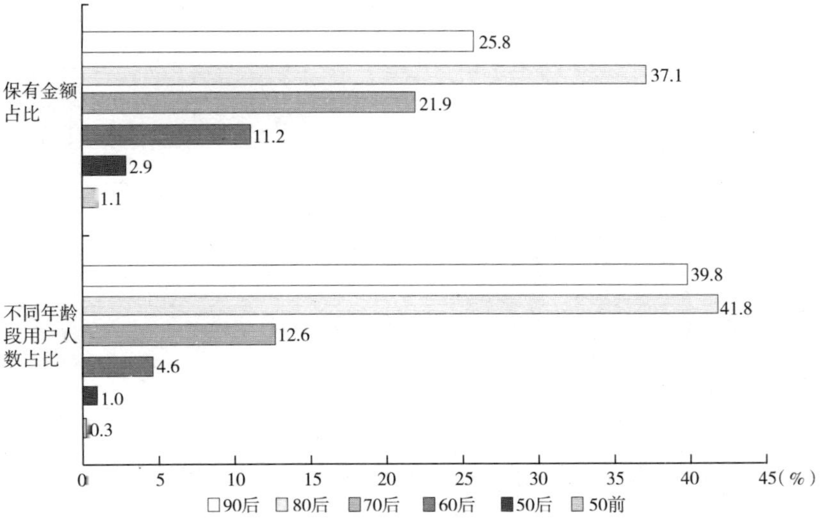


图 4.18　不同年龄段用户人数及其保有金额占比

资料来源：天弘基金大数据中心。

## 广东用户人数最多，上海用户最活跃且善于理财

从用户地域来看，如图 4.19 所示，广东、河南人数最多，其次是山东和江苏。同时上述 4 个省份的总交易次数、保有金额也是最多的，这个很好理解，人多力量大。但是从人均交易次数、人均保有金额来看，排名前三的区域就是上海、北京和浙江，整体收益率最好的是上海用户。

## 体验式购买指数基金

如图 4.20 所示，用户偏好的申购金额是 10 元、50 元、100 元、200 元、500 元、1 000 元、5 000 元，均为区域高峰申购金额。尤其是 10 元和 100 元，申购人数最多。首先这与互联网基金销售平台的申购低门槛特质有关，10 元就可以购买基金，其次体现了

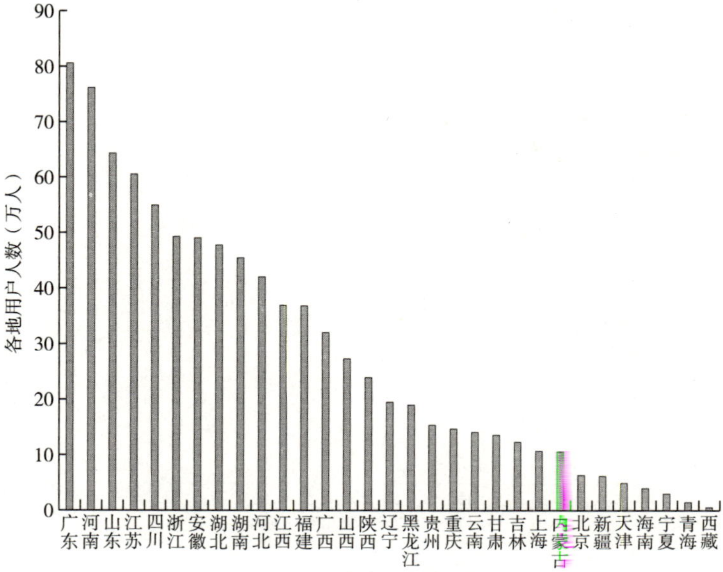


图 4.19 各地用户人数分布

资料来源：天弘基金大数据中心。

互联网用户“先小笔买入，试试看”的心态，购买基金和购物都要先体验一下。尝试之后，大多数用户会逐步提升购买金额，从数据上看也确实如此，天弘指数基金首次申购的平均金额为 1 619 元，第二次为 1 889 元，第三次为 2 068 元。

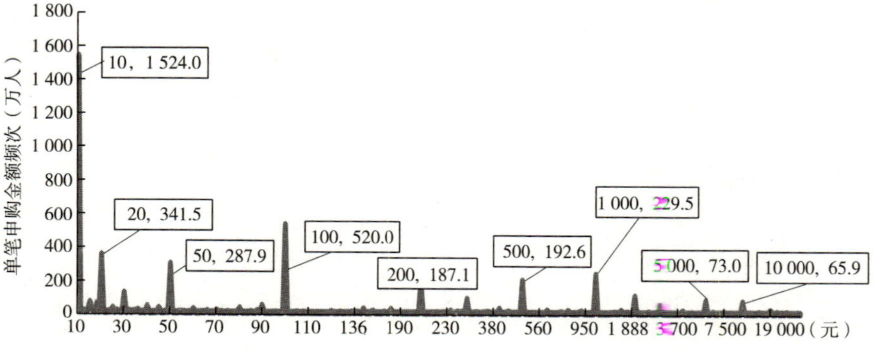


图 4.20 单笔申购金额频次分布

资料来源：天弘基金大数据中心。

**延伸阅读 4.1**

**赚大钱还需要加大投入**

个人用户难以与机构用户相比，但投入几百元或一两千元，就难有投资意义可言，仅仅是“练练手”而已。比如，投资 2 000 元，每年收益率 10%，获利也就是 200 元，这对于改善个人的财务状况显然没有很大帮助。在这个问题上，个人用户需要对投资有正确的认识，投资绝对不是以小博大的游戏，投资的投入少，利润就会更少。所以作为个人用户来说，在做好风险防控的基础上，适量增加投入，才有可能获得更多一些收益。

（资料来源：财经评论员皮海洲。）

## 赢利用户超 5 成，近半数用户的收益率在正负 5%以内

截至 2019 年 3 月 31 日，从指数基金用户累计收益率来看，59% 的用户赢利、41% 的用户亏损，49% 的用户收益率在正负 5% 以内，收益率高于 30% 的用户人数占比仅仅为 2%。收益率呈现出标准的正态分布特征，赢利用户略多于亏损用户。具体如表 4.2 所示。

现阶段用户的收益率水平与近 3 年市场行情偏弱、指数大部分时间处于回落状态直接相关，由于该报告采用的数据区间是 2015 年 1 月 23 日至 2019 年 3 月 31 日。对于 A 股市场来说，这是一个大幅振荡的时间段。既有 2015 年上半年的“疯牛”行情，也有 2015 年下半年的股灾，还有 2016 年年初的熔断式暴跌，还有 2016 年下半年到 2017 年的指数行情，以及 2018 年 1 月底开始的单边下跌。但是情况在 2019 年变得不一样，用户的收益率已经趋势向好，并且随着估值底、政策底、市场底的相继到来，牛市初现，相信未来用户的收益率会越来越好。

表 4.2　盈亏分布表

| | 收益率均值（%） | 人数占比（%） |
|---|---|---|
| -30%以下 | -38.6 | 2 |
| [-30%，-20%) | -22.5 | 4 |
| [-20%，-10%) | -14.3 | 7 |
| [-10%，-5%) | -6.8 | 7 |
| [-5%，0%) | -2.0 | 21 |
| [0%，5%) | 2.1 | 28 |
| [5%，10%) | 7.2 | 10 |
| [10%，20%) | 14.8 | 10 |
| [20%，30%) | 24.5 | 9 |
| 30%及以上 | 40.9 | 2 |

资料来源：天弘基金大数据中心。

## 散户的投资行为分析

都说指数基金是个好工具，那这些线上投资者到底是怎么利用这个“工具”的呢？根据天弘指数基金近 1 000 万用户 3 年多的交易数据，发现短炒、定投、长投是他们的主要投资行为。其中短炒用户相对较多，也相对专业，一旦看准行情，就出手。短炒用户中，男性要多于女性，而且偏年轻。定投用户的根基是最稳的，人均申购金额和保有金额在上述 3 类投资者中都是最高的。定投用户的收益波动居中，收益波动最大的是长投用户，主要是因为近 3 年基础市场的波动较大。无论是短炒、定投还是长投用户，宽基指数基金都是他们的首选。

## 长投、短炒、定投用户三分天下，短炒用户相对较多

我们根据用户的投资时长将用户分为三类，长投用户（持有期超过 1 年）人数占比 19.3%；短炒用户（持有期少于 1 月）人数占比 34.5%；定投用户（有过定投交易）人数占比 15.7%。从各类用户人数占比来看，短炒用户的人数占比最高，用户短炒指数基金与 A 股市场上的投资者行为有相似之处，这说明指数基金的短炒工具属性有较广的用户受众。同时，我们可以看出已经有相当一部分用户逐步养成使用指数进行定期投资的习惯。

**| 延伸阅读 4.2 |**

### 天弘大数据图说点评

指数化投资，无论是中长期投资还是中短期阶段性投资，都是较好的投资工具。主要体现在：投资组合透明，更能实现投资者的投资目标；长期业绩优势，避免择时误差；更低廉的管理费率；中短期阶段性投资优势，排除个股风险等非系统性风险，获得市场平均收益。

"华尔街教父"本杰明·格雷厄姆（Benjamin Graham）说："投资的秘诀就在于当价格远远低于内在价值时投资，等待市场对其错误的纠正。"指数长期上涨的推动力主要来源于两个方面：企业赢利能力的增长；市场的风险偏好上升。以市盈率和市场的关系为例：由股价除以年度每股盈余得到市盈率。如果市盈率保持稳定，股价上涨，则是企业赢利能力增长推动股价上涨；如果股价与市盈率同涨，则是赢利预期上涨或市场风险偏好上升带动股价上涨。通过企业赢利能力和宏观经济的基本面研究，对指数进行中长期择时，是一种较好的投资方法。

华尔街大投机家杰西·利弗莫尔（Jesse Livermore）说：“顺势而为，做大波段，做市场最强势的品种。”指数的短期波动，主要受市场情绪、资金供求等因素影响。波段投资的核心是，踩准市场节奏，高抛低吸，顺势而为。从具体择时方法来看，机构投资者以类似黑箱的量化投资为主，散户牛人以技术分析为主。这种投资方式，虽然看似较为理想地实现了阶段性投资收益最大化，但把握市场节奏的难度较大，适合有市场择时经验的投资者，不建议初入市场者参与。

（资料来源：长城证券阎红。）

## 定投用户根基稳，短炒用户快狠准

从交易的汇总数据来看，定投用户的人均申购金额、人均保有金额均是最高的，是基金交易中最稳定的用户。短炒用户笔均申购金额较高，达到2 776元，远高于长投和定投用户的笔均申购金额，但是人均申购笔数较少，往往是看准一波行情再下手，一下手就快狠准。长投用户笔均申购、人均申购、人均保有金额都较少，这主要是受到有很多尝试性购买用户（他们体验了10元、100元后，就放着不看了）的影响而拉低了整体水平。具体如表4.3所示。

表4.3　定投金额分布表

| | 人均保有金额（元） | 人均申购笔数（笔） | 人均申购金额（元） | 笔均申购金额（元） |
|---|---|---|---|---|
| 短炒用户 | 5 650 | 3 | 9 137 | 2 776 |
| 长投用户 | 2 673 | 12 | 5 341 | 444 |
| 定投用户 | 5 989 | 26 | 20 161 | 762 |

资料来源：天弘基金大数据中心。

**| 延伸阅读4.3 |**

## 投资指数型基金的正确“姿势”

“姿势”一：波段操作，指数投资的“王者”

波段操作很美好，但可能只是幸存者偏差和大数法则的幸运儿。“一尺之棰，日取其半，万世不竭”，只要数据够大，总能找到那些“锦鲤”。市场是有效的。不是说市场不会错，而是在参与的当下，市场不会让未承担过平均水平风险的投资者获得超过平均水平的收益。市场也是随机的，是不可预知的。

“姿势”二：一次性投入，长期持有

这几乎是最“傻”的策略，但也是可实现度最高的策略。这是不是能赚钱呢？从本质上，投资股市是赚经济增长的钱，约翰·博格的《共同基金常识》（*Common Sense on Mutual Funds*）中，有一个有意思的等式：收益率 = 股息 + 市盈率效用 + 实际增长率。投资股市的收益（10 年为期的年化收益率）来源于股息。这种方式最大的“死穴”是持有的时间不够长。

“姿势”三：定投虽好，但要知其所以然

作为前两者的综合，定投的风险和收益也介于前两者之间，它并不是一剂万能药。定投只是“削峰填谷”，并不是稳赢的手段。定投有两个隐含前提：一是跨周期投资；二是预期收益为市场平均收益率。短期内市场难以预测，但从长期来看，股市总是和国民经济的发展保持一致的。定投具有平均成本的功效，这是由定投自我稳定的性质决定的，在定投过程中同样的金额在上涨时相对少买，在下跌时相对多买，平滑市场波动引起的基金净值波动，从而平均了成本。为了达到这个效果，定投的时间必须足够长，最好能做到跨周期投资。

归纳下来：第一种，谨慎参与；第二种，一定要用闲钱投资，任何时候“砸锅卖铁买指数”都是不对的；第三种，就是坚持。

（资料来源：好买财富曾令华。）

## 男性爱短炒，女性更长情

3 大类用户中，男性与女性的偏好是否有差别呢？我们已经知道指数基金整体用户中男性占比 65%，女性占比 35%，那么在这 3 大类用户中，男女比例又是如何呢？

通过对 3 大类用户的性别比例的对比，如表 4.4 所示，可以发现男性更喜欢短炒，女性更愿意长期投资。定投作为指数基金工具性的产品功能受到更多男性的偏爱。

表 4.4　3 大类用户的性别比例

| | 短炒用户 | 长投用户 | 定投用户 |
|---|---|---|---|
| 女性比例（%） | 31.1 | 41.3 | 31.3 |
| 男性比例（%） | 68.9 | 58.7 | 68.7 |

资料来源：天弘基金大数据中心。

## 90 后爱短炒，中年人爱长投和定投

从年龄分层来看，90 后更愿意短炒指数基金，70 后、80 后偏好长投和定投。我们发现这种现象背后的原因主要是各年龄层性格和资金特点不同，70 后、80 后阅历更多、更加沉稳，更加偏向长期持有，90 后性格上更爱“折腾”。更深层的本质原因就是资金的投入不同，90 后短炒博取高收益率，有一个前提就是投入相对较少，通过博取高收益率，进而提高绝对收益，也可能会因为流动性问题而频繁交易。而 70 后、80 后投入相对较多，操作起来就更为谨慎，通过长期持有和定投方式来增加赢利概率，可以充分进行长

期理财规划。具体如表 4.5 所示。

表 4.5　3 大类用户各年龄段占比

| | 短炒用户 | 长投用户 | 定投用户 |
|---|---|---|---|
| 50 前比例（%） | 0.3 | 0.3 | 0.3 |
| 50 后比例（%） | 1.0 | 1.2 | 1.0 |
| 60 后比例（%） | 4.3 | 5.9 | 5.1 |
| 70 后比例（%） | 10.7 | 16.6 | 14.3 |
| 80 后比例（%） | 37.6 | 47.6 | 42.4 |
| 90 后比例（%） | 46.1 | 28.4 | 36.9 |

资料来源：天弘基金大数据中心。

## 长投月户收益波动远大于短炒，　定投居中

从上述三类用户 2016、2017、2018、2019 四个年度的收益来看，短炒用户的整体收益率波动较小，长投用户的整体收益率在 2018、2019 两个年份都波动较大，定投居中。具体如表 4.6 所示。收益波动较大的长投用户群体，收益率的波动主要受到市场行情的影响。定投用户群体在各年份的整体收益率波动不大主要与定投的特质有关，定投本身就有熨平波动的特质。

这可能与大家固有的印象有一定冲突，一般来说，大家潜意识会觉得短炒的波动更大，长投的波动更小。但产生这一现象的主要原因是 A 股市场本身波动大。当市场整体回落时，长投用户的整体收益率表现不佳，但是当市场持续上行，长投用户的整体收益率就显著高于短炒用户。这种现象在 2018、2019 年份体现得尤为明显。当然我们不能基于整体数据进行投资行为模式的优劣判断，关键还在于投资者找到适合自己的投资方式。

表 4.6　3 大类用户在 2016、2017、2018、2019 年度的整体收益率

| | 2016 年整体收益率（%） | 2017 年整体收益率（%） | 2018 年整体收益率（%） | 2019 年整体收益率（%） |
|---|---|---|---|---|
| 短炒用户 | -1.6 | -2.0 | -1.2 | 1.2 |
| 长投用户 | -4.8 | 7.1 | -14.7 | 20.4 |
| 定投用户 | 0 | 0.3 | -5.1 | 10.4 |

资料来源：天弘基金大数据中心，数据截至 2019 年 3 月 29 日。

## 品种选择都偏向宽基指数

无论是长投、短炒还是定投，用户最喜欢的指数基金产品都是沪深 300、中证 500、创业板、上证 50 这类宽基指数基金，此外如食品饮料这样有过阶段性行情支持的产品也颇受欢迎。这说明即使相同的产品，用户也可以有不同的交易策略，持有不同时长。

宽基指数具有代表性，哪怕用户不知道指数基金，或多或少也听说过沪深 300，而有过阶段性行情支持的产品一般外界都有较大范围的宣传，也更容易被用户知悉。因此表 4.7 说明投资者在投资时，也会“拣熟的下手”，与大家生活中很多购物习惯相似。这种现象的出现也说明目前“小白”用户较多，外界的宣传对他们影响较大，能真正独立将指数基金作为工具使用的投资者还较少。

表 4.7　不同投资行为的用户偏好产品前 5 位

| 短炒用户 | 长投用户 | 定投用户 |
|---|---|---|
| 沪深 300 | 沪深 300 | 沪深 300 |
| 上证 50 | 中证 500 | 上证 50 |
| 中证 500 | 创业板 | 中证 500 |
| 创业板 | 食品饮料 | 创业板 |
| 食品饮料 | 上证 50 | 食品饮料 |

资料来源：天弘基金大数据中心。

## 散户的定投行为分析

众所周知，定投有着平摊成本、分散风险、省时省力的特点，这些特点使它很适合作为长期投资的一种方式。因为定投是分批进场投资，当股市在调整或是下跌的时候，分批购买反而可以越买越便宜，待股市回升后的投资回报率也可能胜过单笔投资。在制定定投策略时，首先要规划好定投时点，再确定好定投金额，然后是坚持，最后是止盈结束。我们发现用户普遍偏好周定投，而周一则是周定投用户最喜欢的日子。但用户定投的时间平均仅能坚持 2 个月，我们认为这主要是由于市场反复震荡，容易让人失去耐心，但可喜的是在 2018 年市场底部区域，仍有 43 万定投大军在坚持，他们对市场满怀憧憬。我们也希望投资者一旦开始定投，在止盈之前一定要坚持，静待花开。

### 用户更偏好周定投

天弘指数基金周定投用户有 148. 8 万，月定投用户有 78. 2 万，其中有 76. 7 万重叠用户，即有过月定投，同时还有过周定投。在产品上线 3 年来，周定投用户最长定投 128 期，月定投用户最长定投 32 期。

### 周定投用户最喜欢的日子是周一

周定投用户最喜欢每周一定投，月定投用户最喜欢每月 13、27、28 日进行定投，月定投的时间应该与用户发放工资日期较为吻合，可以起到强制储蓄，避免当“月光族”的作用。现在来看，已有部分用户养成了投资的好习惯。

## 定投用户平均坚持 2 个月

周定投用户平均扣款 6 期，坚持时间在 1.5 个月；月定投用户平均扣款 2.3 期，坚持时间在 2.5 个月；80% 的周定投用户定投 11 期就停止定投了；80% 的月定投用户定投 3 期就停止定投了。定投虽好，但用户很难坚持下来，他们的情绪往往会被市场扰动。尤其是在近两年持续低迷的市场环境下，坚持定投对很多用户来说难上加难。但我们还是想说定投一定要耐心坚持。

## 月定投用户留存率 60.8%，忠诚度和贡献度高

定投用户的留存率相对较高，月定投用户留存率为 60.8%，周定投用户留存率为 49.3%，均高于整体 37.8% 的水平。同时如表 4.3 所示，我们也看到，定投用户的人均申购笔数为 26 笔、人均申购金额为 20 161 元、人均保有金额为 5 989 元，几个维度的数据都较高，用户忠诚度和贡献度较好。

## 43 万大军在市场底部仍坚持定投

2018 年以来，市场持续回落，上证指数从年初最高点 3 587 点一路回落，并于 10 月触及年内最低点 2 449 点，上证指数年内最大跌幅超过 30%，但我们看到定投用户的每日交易人数仍维持在高位，如图 4.21 所示。2018 年度定投用户人数合计达到 43 万人。这些在底部坚持定投的用户在 2019 年终于迎来了收获，其在 2019 年的平均收益率达到了 18%，显著高于同时期短炒用户 5.5% 的平均收益率。

**| 延伸阅读 4.4 |**

**给坚持定投的小伙伴们做一个简单测算**

在 2018 年年初的大数据点评报告中，我们曾经指出，“长期定

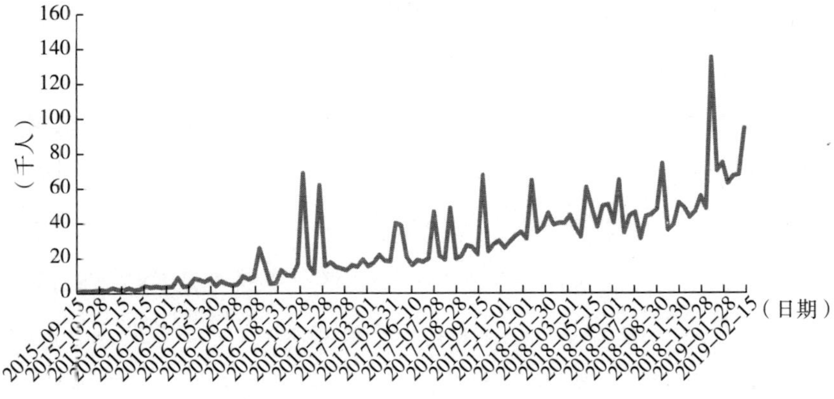


图 4.21　每日购买的定投用户人数

资料来源：天弘基金大数据中心。

投”是“小白”们分散择时风险的最优解。同时，我们以沪深 300 为例，计算了投资者在三个标志性时点（牛市起点、牛市顶点、震荡市起点）开始定投沪深 300 被动指数基金的平均买入成本。测算结果显示，不管投资者是在哪个时点开始定投，只要定投时间足够长，最终的收益率相差不大。三者的区别只体现在定投的初期：牛市顶点定投者初期浮亏较大，牛市起点定投者初期表现为浮盈，而震荡市起点定投者则处于前两者之间。

2018 年，沪深 300 指数累计下跌了 25.3%（约平均每周下跌 0.5%）。测算结果显示，如果某投资者在 2018 年每月末定投沪深 300 指数，全年下来的定投收益率约为 －15%。也就是说，2018 年的定投实践最终给出了我们 2018 年报告中的第一种假设结果，即期初的浮亏。

那么，站在现在的时点（即 2019 年年初，已经定投一年并且浮亏 15%），仍在市场底部坚持定投的小伙伴们应如何应对呢？未来的收益率将会怎样？

接下来，我们在浮亏 15% 的基础上做一个简单的测算。由于未来不可预测，且大部分投资者目前都是比较悲观的，因此我们给出了三种并不是那么乐观的情景假设：

情景一：沪深300指数在目前的约3 000点点位窄幅震荡，盘整1年时间，随后从2020年1月开始以相同的斜率（即平均每周上涨0.5%）上涨。

情景二：沪深300指数在目前的约3 000点点位继续以相同的斜率下探至2019年年中，对应沪深300指数点位约2 500点，随后盘整半年时间，从2020年1月开始以相同的斜率（平均每周上涨0.5%）上涨。

情景三：沪深300指数在目前的约3 000点点位继续以相同的斜率（平均每周下跌0.5%）下探至2019年第三季度末，对应沪深300指数点位约2 400点，随后从2019年10月开始以相同的斜率（平均每周上涨0.5%）上涨。

表4.8的结果显示，三种情况下，最大浮亏比例介于 -15% ~ -23%之间，最大浮亏都将发生在2019年，回本时间均在2020年上半年，而在2021年1~2月，三种情况的定投均可触发20%的止盈点。

（资料来源：招商证券宗乐。）

表4.8　三种情景下的定投收益率测算

| | 最大浮亏 | 最大浮亏发生时点 | 回本时间 | 回本对应沪深300指数点位 | 止盈时间 | 止盈对应沪深300指数点位 |
|---|---|---|---|---|---|---|
| 情景一 | -15% | 2018年12月 | 2020年3月 | 3 200点 | 2021年1月 | 4 000点 |
| 情景二 | -20% | 2019年6月 | 2020年6月 | 3 000点 | 2021年2月 | 3 600点 |
| 情景三 | -23% | 2019年8月 | 2020年5月 | 3 000点 | 2021年1月 | 3 600点 |

注：止盈收益率设为20%。
资料来源：招商证券整理。

可见，在上面三种情景假设下，2019 年还是难熬的播种年，2020 年、2021 年将是收获年。与此同时，我们不难推断，如果后市走势比我们假设的三种情景都更乐观，比如上涨时点更早或上涨速度更快，投资者的回本时间和止盈时间则均会更快到达。

有人不禁会问，既然还要跌，为什么不停一停、等一等，等到市场底部再一次性大笔买入。那样的话，收益会更高，煎熬的时间会更短。

理想很丰满，但现实往往是没人知道到底应该在哪个时间、哪个点位一次性大笔买入，也许有一些经验丰富的投资者能够预测大概的底部时段，但毕竟大多数“小白”散户做不到这一点。而且，在这少数人当中，又有多少人会深信自己的判断而一次性大笔买入？从历史上看，最近的几个牛市起点，2006 年年初、2008 年第四季度、2014 年年中，都是很好的大笔买入时点，但从申赎数据上看，资金流入偏股型基金最多的时间段发生在 2015 年上半年的牛市中后期。

事实证明，最终能够“想得到、做得到、赚得到”的人总是少之又少，大多数人还是在看到别人赚钱（或自己前期小笔投入赚钱）之后，选择在牛市的中后期大笔买入，而此时正是需要止盈离场的时点。

牛市总是来得太快、太突然，而且往往还太短暂！

归根结底，由于不知道未来市场将如何演绎，我们没有准确择时的能力，所以只能在底部区域选择坚持定投指数基金，持续积累份额。经历了前期的坚守和煎熬，才会在后来股市上涨时“苦尽甘来”，并在牛市中后期选择止盈离开，而不是追涨买入。

## 散户心理受市场波动的影响

人都是感性的，再理性的投资者，面对市场剧烈波动时都难免受影响。但我们常说，投资是反人性的，顺着人性的结果往往是“追涨杀跌”，逆人性投资才能收获果实。我们发现，用户在申购时存在明显的抄底和追涨特征，赎回时存在杀跌和小赚即走的特征。当市场下跌在0%~5%时，下跌越多，申购人数越多，一旦超过5%，申购人数反而开始下降。说明5%可能是用户普遍能忍受的亏损底线，一旦下跌超过5%，用户情绪就开始悲观。追涨现象则出现在市场上涨4%时，涨幅越大，申购人数越多，看来确实存在“三根阳线改变信仰”这一现象。

### 申购行为特征：抄底和追涨

自2015年天弘指数基金上线以来，总计1 000多个交易日，我们发现用户的申购赎回行为与当日市场的涨跌幅情况存在较高的关联性。

用户的申购行为表现出明显的抄底和追涨特征。基本上是市场跌幅越大，申购金额越高，申购人数越多。但是在市场涨跌幅分段的两端用户会出现不一样的选择，当市场跌幅大于5%时，申购人数、申购金额会显著回落，这说明用户抄底也是有选择性的。当市场涨幅高4%时，申购金额会显著回升，这体现了用户的追涨行为。具体如图4. 22所示。

### 赎回行为特征：杀跌和小赚即走

用户的赎回行为表现出一定的杀跌和小赚即走的特征。总体来看，市场下跌时赎回金额均值和赎回人数均值相对较高。赎回人数均值的3个高峰出现在涨幅-5%~4%、1%~2%、5%~6%，这个现象也较符合用户的心理特征，即小赚即走、忍受不了就选择杀跌。具体如图4. 23所示。

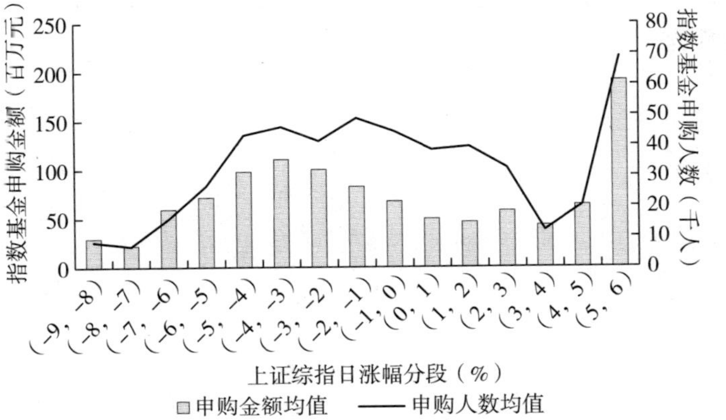


图 4.22　不同市场涨幅对应的申购人数及申购金额

资料来源：天弘基金大数据中心。

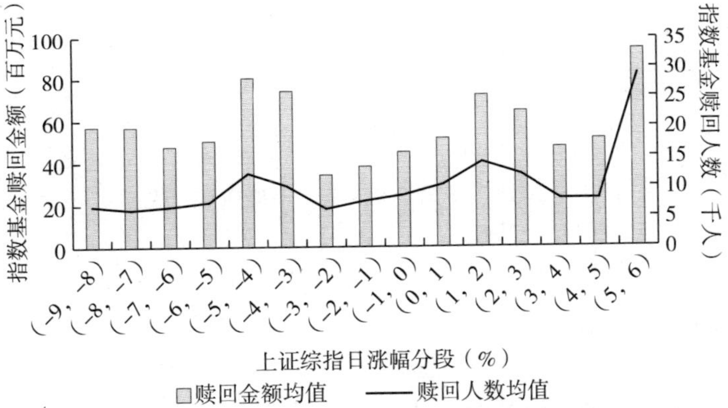


图 4.23　不同市场涨幅对应的赎回人数及赎回金额对比

资料来源：天弘基金大数据中心。

## 亏了就申购，回本附近就赎回

以 2018 年至 2019 年 3 月 31 日期间的用户交易数据作为样本，我们将用户的持有收益率与申购行为进行关联，发现：58.1% 的用户申购时对应的持有收益率小于 -1%；10.8% 的用户申购时对应的持有收益率在 -1%~1%；31.1% 的用户在持有收益率大于 1% 时进行申购。即当用户持有收益率为负时，用户更倾向申购，这也是低位申购摊平成本的心理。用户赎回时对应的持有收益率集中，－10%~ －1% 的区间用户占比为 42.4%；1%~10% 的区间用户占比为 37.0%。具体如图 4.24 所示。

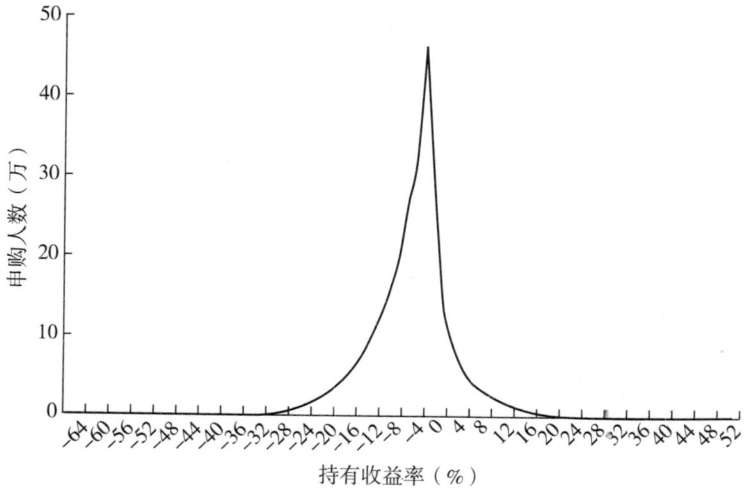


图 2.24　不同持有收益率下的申购人数

资料来源：天弘基金大数据中心。

## 抄底高弹性品种

2018 年以来市场波动加剧，因此我们选取 2018 年以来指数基金的销售数据来对抄底用户群体进行筛选。筛选条件为当日基金跌幅超过 2% 时购买该产品，且次数大于 2 次。符合条件的群体合计 47.8 万人。

如表 4.9 所示，从产品选择来看，除了大多数用户喜爱的沪深 300 外，抄底用户选择最多的还有创业板和计算机。

从人均抄底金额来看，创业板 C、计算机 C、食品饮料 C 人均抄底金额均在万元以上且显著高于其他产品。创业板和计算机属于弹性较大的品种，适合抄底，这说明抄底用户比较熟悉指数基金，有一定的功底。

表 4.9 用户抄底情况

| 基金名称 | 抄底次数 | 人均抄底金额（元） | 抄底当日跌幅均值（%） |
|---|---|---|---|
| 天弘沪深 300A | 455 149 | 4 724 | 2.92 |
| 天弘创业板 C | 416 987 | 13 092 | 3.01 |
| 天弘中证计算机 C | 254 926 | 15 774 | 3.31 |
| 天弘创业板 A | 237 142 | 8 018 | 3.04 |
| 天弘中证 500A | 199 253 | 6 988 | 3.13 |
| 天弘上证 50A | 180 087 | 1 554 | 3.10 |
| 天弘中证食品饮料 A | 159 118 | 3 093 | 2.95 |
| 天弘中证医药 100A | 148 067 | 2 221 | 2.95 |
| 天弘中证食品饮料 C | 138 616 | 12 636 | 2.86 |
| 天弘中证医药 100C | 116 674 | 5 612 | 2.81 |

资料来源：天弘基金大数据中心。

如图 4.25 所示，从宏观角度来看，抄底用户有申购、有赎回，但总体保有金额稳步上行。

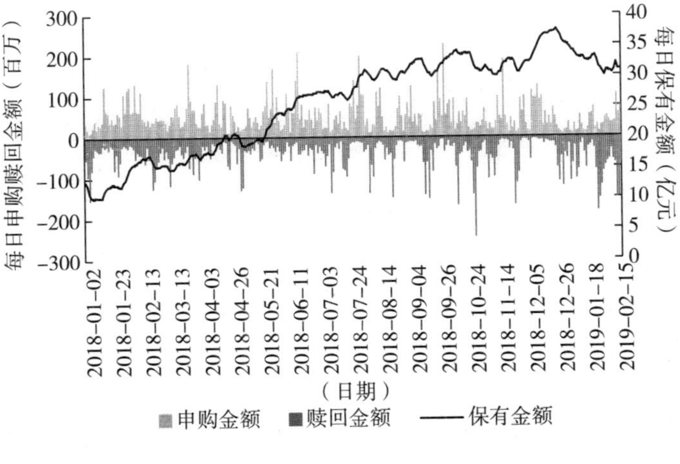


图 4.25 抄底群体 2018 年以来每日申购、赎回、保有金额走势

资料来源：天弘基金大数据中心。

### 用户2018年以来的交易行为呈两极分化

截至2019年1季度末，从保有金额和申购次数两个维度分析交叉人群，如表4.10所示，发现保有金额在1 000元以上的各个群体，出现了两极分化的交易行为：有些用户的交易行为异常活跃，越跌越买，继续加仓；有些用户则纹丝不动，一直放着。该现象在保有金额1 000元以上的各个层次都较为明显。比如保有金额在5万以上的用户中，有42%的用户2018年以来的申购次数超过20次，4%的用户2018年以来没有申购，说明还是有很多专业用户看好指数的未来，坚定持有。

表4.10　用户交易行为分布

| 申购次数 \ 保有金额（元） | (0，10) | [10，1 000) | [1 000，5 000) | [5 000，1万) | [1万，2万) | [2万，5万) | 5万及以上 |
|---|---|---|---|---|---|---|---|
| 0 | 44.8% | 15.3% | 10.1% | 8.7% | 6.8% | 5.7% | 3.9% |
| 1 | 51.3% | 43.9% | 16.1% | 14.3% | 13.8% | 7.8% | 6.4% |
| 2 | 1.1% | 10.4% | 12.0% | 8.8% | 9.8% | 8.6% | 5.9% |
| 3 | 0.6% | 5.9% | 7.4% | 6.1% | 6.4% | 6.8% | 4.9% |
| 4 | 0.4% | 4.3% | 5.6% | 4.9% | 4.6% | 5.4% | 4.3% |
| 5 | 0.3% | 3.1% | 4.3% | 4.2% | 3.8% | 4.2% | 4.3% |
| [6，10) | 0.5% | 6.1% | 10.6% | 11.3% | 10.1% | 11.1% | 12.4% |
| [10，15) | 0.3% | 3.9% | 7.7% | 8.2% | 8.2% | 9.4% | 9.7% |
| [15，20) | 0.2% | 2.5% | 4.9% | 5.4% | 5.8% | 6.2% | 6.6% |
| 20次及以上 | 0.5% | 4.6% | 21.3% | 28.1% | 30.7% | 35.8% | 41.6% |

资料来源：天弘基金大数据中心。

## 用户申购、复购行为分析

用户之所以复购，主要是因为对产品的认可。对产品的认可既基于理论认知层面，也基于实战层面的。而实战层面最主要的应该是收益不错，毕竟投资的首要目的是赚钱，所以观察他们的申购、复购行为对我们的投资也有帮助。我们发现牛市末期仍是入场高峰，这与整个公募基金行业的资金流入趋势是一样的，如何实现逆周期营销是公募行业亟待解决的问题。但可喜的是这近 1 000 万线上用户受运营活动的影响也很显著，甚至一度高于牛市末期入场的人数，说明通过互联网渠道可以直接有效地影响用户行为，有助于改善基金顺周期营销现状。用户具体申购、复购行为特征如下。

### 复购用户人数占比 50. 7%

如表 4. 11 所示，仅购买一次的用户人数占比为 49. 3%，购买两次以上的用户人数占比为 50. 7%，购买两次及以上用户被称为复购用户。自天弘指数基金 2015 年上线以来，市场还没有走过一轮完整的牛熊市，所以对复购比例有一定的影响，但我们发现，尽管这样，也有超过一半的用户选择了复购，这说明用户对指数基金的产品价值还是比较认可的。

复购用户中，购买 20 次及以上的高活跃用户人数占比 7. 1%，这部分基本都是短炒用户，利用指数基金来快速跟上市场行情，快准狠，保有金额也比较高。

表 4. 11　用户复购行为分布

| 累计申购次数 | 人数占比（%） |
|---|---|
| 1 | 49. 3 |
| 2 | 15. 2 |
| 3 | 7. 6 |
| 4 | 4. 9 |
| 5 | 3. 3 |
| [6，10) | 6. 7 |

（续表）

| 累计申购次数 | 人数占比（%） |
|---|---|
| [10，15） | 3.8 |
| [15，20） | 2.1 |
| 20次及以上 | 7.1 |

资料来源：天弘基金大数据中心。

## 牛市末期和每年年初是入场高峰

天弘指数基金上线三年多以来，用户进场的时间相对分散，但是也会出现因市场行情、运营活动的影响导致用户集中入场的现象。比如2015年年中，主要是市场行情驱动导致的；2016年、2018年年初，主要是运营活动导致的；2019年年初，则是市场行情和运营活动的叠加影响导致的。我们推测，用户年初入场可能与“节日效应”有关，节日效应是一种节日前后市场收益率显著高于其他交易日的市场异象，分为节前效应和节后效应，世界各大股票市场的交易数据都证实了“节日效应”的存在。一般机构投资者的资金在年末相对紧张、年初相对宽松，在没有负面消息的情况下，年初比较容易产生“春季行情”。天弘指数基金月度新增人数如图4.26所示。

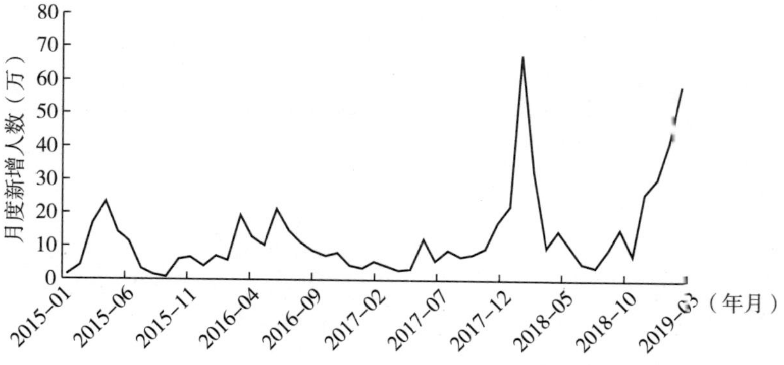


图4.26　天弘指数基金月度新增人数

资料来源：天弘基金大数据中心。

### 7 天内是最佳复购期

我们发现大部分用户的复购行为比较集中，把复购用户的首笔申购与第二笔申购间隔进行统计，发现 47.2% 的复购行为发生在 7 天之内，75.3% 的复购行为发生在 30 天内，近 90% 的复购行为发生在 90 天之内，具体分布如图 4.27 所示。这启示了基金管理人“打铁要趁热”，针对新用户，要积极促进用户的复购行为。

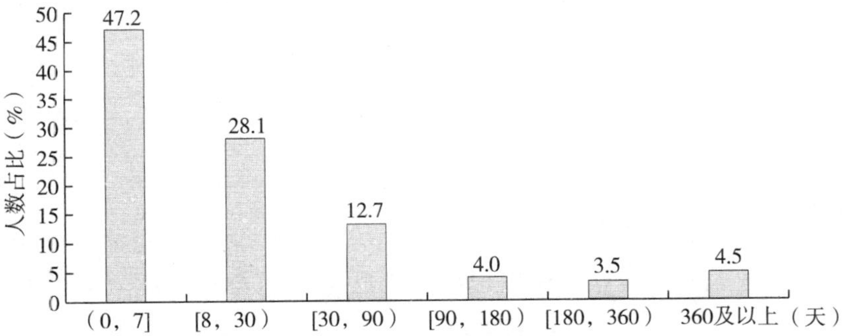


图 4.27　复购发生时间间隔对应人数占比

资料来源：天弘基金大数据中心。

### 60.9%的用户复购单品，39.1%的用户复购组合

在复购用户群体中，60.9% 的用户进行单品复购，就是只买一只指数基金；39.1% 用户购买了多只指数基金产品，单品复购用户主要集中在沪深 300、上证 50、中证 500、创业板、中证银行、中证医药、食品饮料指数基金这类认知度高或者有过行情支持的产品。具体如表 4.12 所示。复购组合最多的就是沪深 300 和中证 500 组合，人数达到 25 万人。我们认为在复购过程中，用户对指数基金的理解也在进一步提升，因为沪深 300 代表大盘指数，中证 500

偏中小盘风格，两者结合还是比较合适的。

表 4.12　用户复购品种分布

| | 人均申购次数 | 人数占比（%） |
|---|---|---|
| 沪深 300A | 10.3 | 34.2 |
| 上证 50A | 8.2 | 17.1 |
| 沪深 300C | 5.2 | 9.2 |
| 中证 500A | 8.2 | 9.2 |
| 创业板 A | 11.7 | 4.2 |
| 中证银行 C | 8.2 | 4.2 |
| 中证医药 A | 17.5 | 4.1 |
| 创业板 C | 10.6 | 3.6 |
| 食品饮料 A | 10.2 | 3.4 |
| 中证银行 A | 6.5 | 2.7 |

资料来源：天弘基金大数据中心。

## 复购有效提升留存率

交叉购买可以显著提高用户人数的整体留存率。从图 4.28 可以看出，随着购买产品数量的增多，人数留存率稳步提升，人均申购次数也有显著提升。

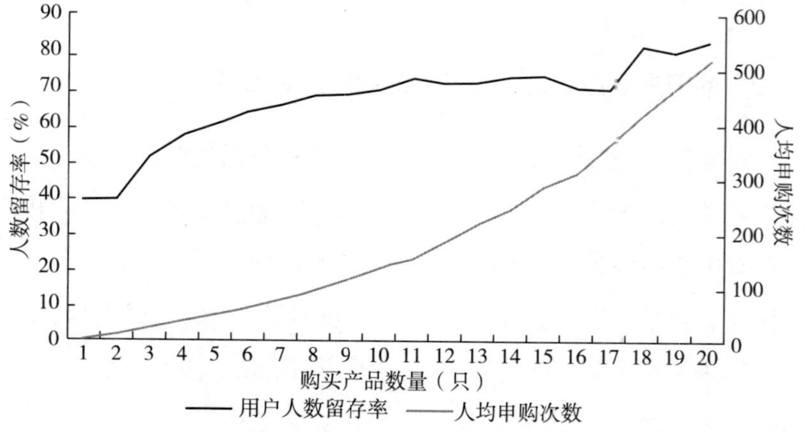


图 4.28　购买不同产品数量的用户群体留存率对比

资料来源：天弘基金大数据中心。

## 散户牛人的画像分析

所谓“三人行必有我师焉”，在近 1 000 万的用户中，有这样一群人，尽管市场反复震荡，但他们却可以获得高收益。他们获得高收益的秘诀是否可以为我们所用呢？我们发现他们都有不错的择时能力，能够踩准一波持续行情并及时止盈。止盈很关键。

### 近三年“牛散”的平均收益率为 23.8%

虽然近三年股票市场较为低迷，但指数基金的用户中，还是有一些逆市赢利的散户牛人，为了观测这一群体的共性特征，我们把累计收益率超过 20% 的用户称为“牛散”。“牛散”整体的平均收益率为 33.8%。

### “牛散”秘诀：踩准一波持续行情并及时止盈

在产品选择上，48% 的“牛散”购买了天弘食品饮料 A，24% 的“牛散”购买了天弘沪深 300A。从近三年的指数基金产品收益率来看，“牛散”基本上是在 2017 年踩准了食品饮料和沪深 300 的行情，并及时止盈，落袋为安。具体如表 4.13 所示。

表 4.13　基金产品年度收益率

| 基金名称 | 基金代码 | 2016 年收益率（%） | 2017 年收益率（%） | 2018 年收益率（%） |
|---|---|---|---|---|
| 天弘中证食品饮料 A | 001631 | 1.85 | 36.65 | -18.51 |
| 天弘中证 100A | 001586 | -5.74 | 29.40 | -10.69 |
| 天弘上证 50A | 001548 | -3.60 | 27.51 | -16.60 |
| 天弘沪深 300A | 000961 | -9.71 | 21.92 | -22.61 |
| 天弘中证电子 A | 001617 | -18.38 | 19.55 | -37.44 |

（续表）

| 基金名称 | 基金代码 | 2016 年收益率（%） | 2017 年收益率（%） | 2018 年收益率（%） |
|---|---|---|---|---|
| 天弘中证银行 A | 001594 | -2.60 | 18.08 | -12.15 |
| 天弘中证 800A | 001588 | -12.52 | 17.73 | -23.54 |
| 天弘中证证券保险 A | 001552 | -13.16 | 12.48 | -23.54 |
| 天弘中证全指运输 A | 001554 | -20.00 | 7.05 | -17.71 |
| 天弘中证高端装备制造 A | 001599 | -18.34 | 4.96 | -24.91 |
| 天弘中证医药 100A | 001550 | -14.89 | 3.47 | -23.87 |
| 天弘中证移动互联网 A | 001560 | -25.09 | 3.04 | -16.04 |
| 天弘中证 500A | 000962 | -16.42 | 1.09 | -30.09 |
| 天弘中证环保产业 A | 001590 | -16.54 | -0.94 | -27.56 |
| 天弘中证计算机 A | 001629 | -32.36 | -1.94 | -25.07 |
| 天弘创业板 A | 001592 | -26.15 | -12.53 | -25.48 |
| 天弘中证休闲娱乐 A | 001611 | -30.05 | -17.96 | -18.96 |

资料来源：天弘基金大数据中心。

## “牛散”动向：于 2018 年年底开始进场

对“牛散”的收益率进行分布统计，发现有两个群体的收益率集中度较高，如图 4.29 所示，收益率分别集中在 21%～25%、

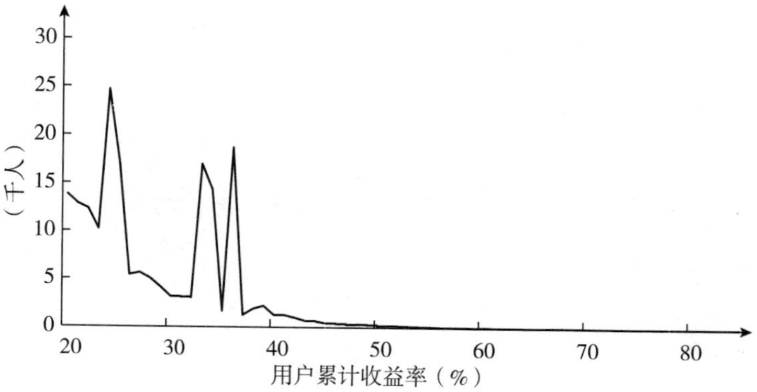


图 4.29　用户累计收益率分布

资料来源：天弘基金大数据中心。

33%~36%。这两群用户的进入时点也有共性，都是2016年4月开始购买食品饮料A、沪深300A指数基金，在2017年10月、11月开始卖出，基本上覆盖了食品饮料A和沪深300A两个产品的净值上涨主要阶段，抓住一波赚钱行情并及时止盈，落袋为安。并且我们发现，已经有部分“牛散”在2018年11月以后重新购买指数基金。“牛散”申购赎回沪深300A的时间点如图4.30所示。

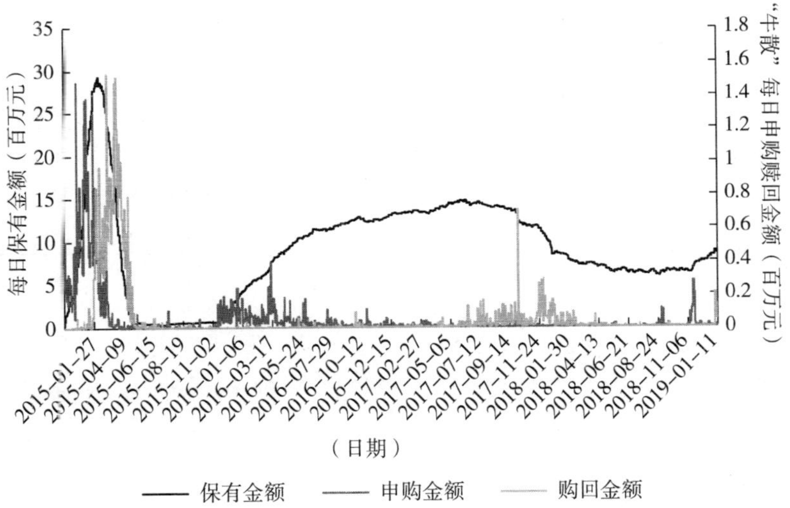


图4.30　“牛散”申购赎回沪深300A的时间点

资料来源：天弘基金大数据中心。

### “牛散”不轻易出手，该出手时就出手

“牛散”的交易特征就是申购次数低、持有期长。从“牛散”的持有时长来看，持有1年以上用户占比高达61.4%；从牛散的申购次数来看，申购次数小于等于2次的用户占比高达86.0%。

### 广东年轻女性棋高一着

“牛散”从性别来看，58.2%为男性、41.8%为女性，与全部用户男女占比分别为65%和35%相比，“牛散”中，女性棋高一着。从年龄来看，80后、90后分别占比45.5%、33.7%，如表4.14所示。“牛散”人数最多的省份分别为广东、河南、山东、江苏、浙江，如图4.31所示。

表4.14 “牛散”年龄分布

| 年龄段 | 人数占比（%） |
|---|---|
| 50前 | 0.5 |
| 50后 | 1.4 |
| 60后 | 5.3 |
| 70后 | 13.5 |
| 80后 | 45.5 |
| 90后 | 33.7 |

资料来源：天弘基金大数据中心。

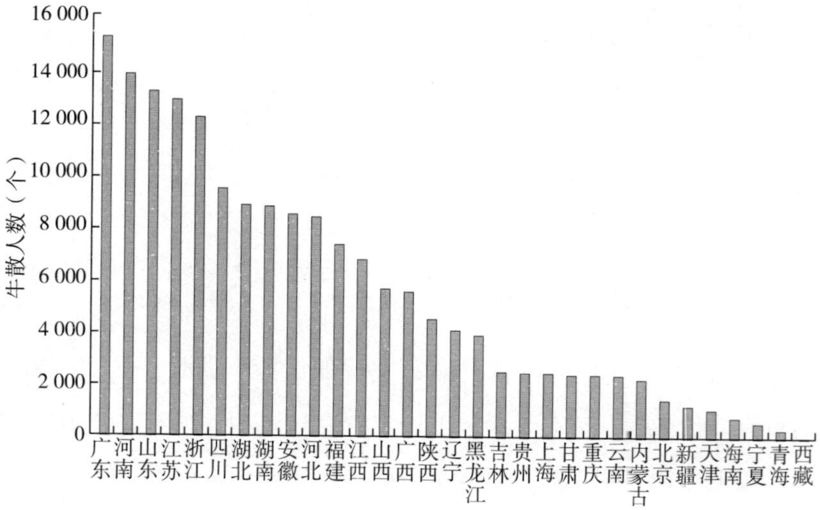


图4.31 各地“牛散”人数分布

资料来源：天弘基金大数据中心。

## 收益率最高的用户可惜买太少

很多用户买指数基金，是先尝试小笔买入，再慢慢观察。天弘指数基金中收益率最高的用户，其收益率为87.11%，是福建省泉州市一名1985年的男性，他在2015年2月10日购买中证500基金100元，持有至2015年6月18日，卖出，收益87.99元。虽然收益率很高，可惜买太少。不得不说，投资的本金还是很重要的。

## 收益率约为70.2%的用户赢利103 846元

购买超过10万元且收益率高于50%的用户中，有一位来自江西省泰和县的1981年男性，他于2015年2月26日、3月2日、3月11日、3月30日分别购买20 010元、100 000元、20 000元、8 000元中证500，并于2015年6月10日卖出251 856元，收益103 846元，收益率约为70.2%。

## 最牛散户赢利123.5万元

购买超过100万元且收益率高于30%的用户中，有一位来自安徽省合肥市的1978年男性，他于2016年上半年分7笔买入，累计投入302万元，并于2018年1月初分3笔赎回，累计赎回427.6万元，收益123.5万元，收益率为40.9%。他购买的基金只有一只沪深300基金。

**| 延伸阅读4.5 |**

### 指数基金投资者行为分析及定投策略

从“牛散”的成功经验看，申购次数低、持有期长、选对跑道、及时止盈，这些明确的交易纪律能够帮助投资者收获更好的投资收益。定投的投资方法纪律性严明，在市场下跌的过程中，通过持续不断买入能够降低成本，从而可以以较低的成本和较多的资金积累获得市场反弹带来的投资收益。最基本的定投策略是等额定投，也被称为“基本版定投”，在此基础上，可以叠加一些有效的增强策略，如适当择时，或者改变投入金额，设置相应的止盈止损机制等，形成“智能定投策略”。在天弘基金大数据中，定投、长投以及短投三类客户偏好的产品也是宽基指数产品，投资者在进行指数选择时，应当综合考虑指数编制方法和指数当前的市场估值水平，编制方法导致指数在行业分布、个股集中度等维度上会产生差异，市值估值水平对于指数产品的投资也很重要，但简单类比历史分位数并不总是有效，需要结合经济环境以及市场风格判断、投资逻辑变迁等因素综合判断。

（资料来源：华宝证券李真。）

# 第五章　民间高手的赚钱秘籍

各行各业总有那么一群人，他们勤奋好学，乐于钻研，善于分享，凭借自己过硬的本事吸引了一大批粉丝的关注，并致力于帮助他们的粉丝成长。基金圈也有这么一群人，他们活跃于微信、微博、今日头条、搜狐、知乎、雪球、天天基金吧、蚂蚁财富等各个平台，将投资知识传递给他们的粉丝，他们被称为“民间高手”。ETF 拯救世界、持有封基、郑志勇、银行螺丝钉、刘鹏程……那些年，这些民间高手为何总是向粉丝们力荐指数基金呢？接下来，让我们一探究竟。

## 十二年十倍

### ETF 拯救世界：ETF 实盘计划

想知道那些民间高手是如何通过指数基金赚钱的吗？首先要提到的就是“ETF 拯救世界”，这个昵称不是说某个人可以拯救世界，而是说指数基金可以拯救绝大多数沉浮股市而没有赚钱的投资者。在过去十二年里，他一直致力于用指数基金来帮助投资者解决投资难题，他的粉丝亲切地称他为“E 大”。

最能代表 ETF 拯救世界的投资理念的，除了那些精彩的投资文章外，就是那个著名的“ETF 计划”。这个从 2003 年到 2015 年取得超过 10 倍收益的指数投资计划，践行了他的投资理念：A 股是个“聚宝盆”，理性投资指数基金，就可以在这个“聚宝盆”中赚到真金白银。

“ETF 计划”目前已经进行到第三轮。这个计划的每一轮都会经历“建仓、持有、卖出”一个完整的投资周期。这个计划从 2003 年至 2009 年是第一轮，2010 年 1 月至 2015 年 6 月是第二轮。这两轮计划，在网络上都有详细记录。尤其第二轮计划，清晰地记录了 ETF 拯救世界是如何从 2010 年开始，在 2012 年年底中小股票启动大牛市前夕满仓指数基金，并在 2015 年 5 月至 6 月基本清仓的全过程。

他之所以能够屡次在市场底部建仓、在市场顶部卖出，是因为他根据对市场估值、情绪、资金等情况的观察，建立了一整套完整的指数基金投资体系。在三轮“ETF 计划”中，投资方式也由简单的定投，逐渐进化到定期不定额、动态平衡、全球大类资产配置。他曾说道：“一开始我只想做到在牛市跟上指数，但逐渐发现指数原来是资产配置的最佳工具，最后我的整个投资视野由此进入了一个新的高度。”

目前，他的第三轮“ETF 计划”正在进行中。虽然是开始于 2015 年 7 月，但经历巨幅市场波动后，该计划依然顽强地保持赢利。在市场低迷时期保持赢利的秘诀，正是根据指数投资系统，配置相关性极低的品种，最终实现“熊市不赔，牛市跟上”的终极目标。

然而，他对那些喜欢他的投资者最大的贡献，绝不仅是提出这套指数投资体系，而是清晰地将计划的每一个交易行为实时地示范出来，参考这份投资计划的投资者也越来越多。仅在盈米财富的基金组合投资平台“且慢”上，就有超过十万人，数十亿元的资金跟投。更令人惊奇的是，市场环境越差，股市下跌越猛烈，跟投的投资者越兴奋，积极性越高。可以说，这些跟投的投资者已经完全摆脱了以往“熊市割肉，牛市接盘”的追涨杀跌模式，逐渐形成了“熊市底部缓慢建仓，牛市顶部区域获得利润”的理性投资方式。这正是我们一直强调的基金逆周期营销模式，与先锋领航集团在熊市中的倡导有异曲同工之妙。

十二年十倍的指数投资收益率，有其特殊的客观因素影响。比如2005—2007年，A股经历了一次两年六倍涨幅的大牛市。又比如2012年年底至2015年，A股中小股票又是一次数倍的大牛市。“ETF计划”取得好的投资成绩，与这样的市场情况息息相关。过去的辉煌未必能在未来重演。

但是不可否认的是ETF拯救世界所倡导的“在股市赚钱，不是一定要买股票，指数基金投资适合绝大多数人，利用市场估值和情绪变化，对指数长期持有，低买高卖，是普通投资者在资本市场获得财富的最佳方式”对于A股个人投资者有极大的借鉴价值。

我们可以将他赚钱的秘诀简单总结为：利用指数基金的估值来解决择时问题，低买高卖，坚定信心。

**延伸阅读5.1**

### 从战争的角度思考指数投资

所有的大、中、小策略都是根据“估值”这一衡量敌人强弱的指标来制定的：估值低，则敌人弱；估值高，则敌人强。在敌人弱的时候，集中优势兵力，进入战场。敌人渐渐变强的时候，收拾战利品，有序地进行战略撤退。

网格策略，也被称为小规模遭遇战策略。这个策略的意义是，在长期的战略相持阶段，保证部队给养，补充兵源。即在我军优势并不明显的时候，派出小股精锐部队，骚扰敌人布局较弱的环节。每次不求大胜，在保证精锐部队全员安全的情况下，获取适当战利品。

定期不定额策略。这个策略的意义是，在我军优势渐渐显现、敌人慢慢颓废的情况下，派出主力部队，分期分批夺取重要的战略要塞。在整个战役进行的过程中，由于敌人的实力尚存，我军不可避免地会出现伤亡，但随着敌人力量的减弱，我军将得到绝大部分战略要地。

目标市值策略。这个策略的意义是，在我军优势比较明显的情况下，派出王牌部队，一举攻占最重要的战略堡垒，并坚决不退出。同时，视敌人反击力量的增减情况，决定是继续输送战斗力加入还是暂时撤出部分多余战斗力。这支王牌部队的一半战斗力将一生驻扎在这里，永不退出，其他部分会视敌人情况进行增减。

（资料来源：雪球意见领袖ETF拯救世界。）

## 民间高手养成记

很多投资者可能对这些民间高手充满好奇。我们访问了几位目前比较有代表性的人，试图通过他们的故事来更好地理解他们的投资逻辑。

### 持有封基：从集团管理者到量化专家

有这么一位投资高手，退休前，管着全国1 000多家服务站的10 000多名工程师，退休后，有近16万粉丝每天等着他测算的各类量化指标结果来进行投资，他就是“持有封基”，大家都亲切地称他“封基老师”。可能很多人憧憬的退休生活是养花、遛狗、跳舞，但对于他而言，除了日常在雪球等媒体上将投资思想、观点分享给粉丝，还经常参加各类培训，与粉丝亲密接触。很多人给封基老师的标签是“量化达人”，因为他平时的帖子，大多都是从不同维度统计各类投资指标。量化管理的思想与他过去的工作经历有关，以前封基老师的职业是渠道管理，服务站数量多且都在异地，传统的管理根本无法实施，当时他所在的公司请了麦当劳的高级经理来介绍管理经验，其中提到的规范量化管理给他留下了深刻的印象，后来他们也在系统中应用了量化指标管理系统。2006 年，封基老师开始投资股市，买了大量的封闭式基金，对每个封闭式基金按照折价率、分红比例、到期收益率、净值的涨幅和市场的涨幅等数据做出量化的评价来指导投资，取得了很好的效果。

因此，后来不管是投资股票还是投资基金，他都是基于量化这个思想，相信数据而不是专家，哪怕是巴菲特说的话，他都要用数据来验证。比如巴菲特曾经说过，普通投资者最好的参与股市的方法是买指数基金，但经过他的回测，在中国基金初创阶段，平均来说，主动基金是战胜了指数基金的，这并不是巴菲特说错了，而是他的话是针对美国市场的，但在中国因为有大量散户的参与，市场不那么有效。换句话说，这提供了很多超额收益的机会，才使得在基金发展初期主动基金战胜了指数基金。而随着中国市场越来越有效，战胜市场也变得越来越难了，指数基金也越来越被大家接受。他认为经过量化回测后，再去理解巴菲特的话，会有更加深刻的理解。

再比如，很多人都喜欢买最近一年表现最好的基金，但他注意到当年的基金冠军，到了第二年很多都表现不好，媒体将这种现象称为“冠军魔咒”。那么这是个案还是普遍现象呢？他对几千只基金做了十多年历史数据的回测，结果证明除了2006年大牛市表现不错的基金在2007年这一年继续保持领先外，其他年份均出现所谓的“冠军魔咒”，而且还不仅仅是冠军，排名在前10的，也都普遍存在这种现象。主要的原因是A股市场风格多变，2006—2007年风格基本没变，所以延续了领跑基金的强势。经过这样的回测分析，能帮助投资者更好地进行投资。

持有封基除了自己分析之外，也会频繁跟投资者分享自己的思想。这一方面是分享自己的观点，另一方面也是一个学习的过程。因为他毕竟不是专业人士，不可避免会看法不全面，说错话。但在这些公开的媒体上，总有人会来纠正他的看法，从而达到学习、提高的目的。只要抱着开放的心态去沟通，哪怕是一个细小的问题，都可以有所收获。比如他当年写过一篇如何精确复权的文章，结果有人就指出不用那么麻烦，只要在通达信里的设置上改成等比方式就可以了。结果他一试果然如此，于是一直用到现在，而且还通过网络告诉了网友，从而达到共同提高的目的。学习是一生的事情，只要掌握一定的方法，用心学习，在基金投资上都会逐步提高的。

**延伸阅读5.2**

**个人投资者在A股长期生存的根本之道**

作为一个个人投资者，如果你要在A股长期生存，那么怎么学习是一个非常重要的问题，是完全照搬大师们的经验，还是带着问题去学习知识，这将最终决定投资者的长期业绩。很多媒体推荐跟着“国家队”的持仓变化去操作，但数据回测已经表明这是一件风险很大的事情。不说“国家队”操作得如何，即使每次都操作成功，我们通过季报年报得到的消息，已经滞后了。短则一个月、长则四个月，靠这些过期的数据试图去跑赢市场无疑是缘木求鱼。只有培养自己独立思考的能力，吸取前人的经验与智慧，不断实践，不断总结，才是个人投资者在凶险万分的股市中能长期生存的根本之道。

（资料来源：雪球意见领袖持有封基。）

## 郑志勇：从产品总监到投顾专家

郑志勇可以说是基金行业里的“老人”了，由于有基金行业的从业经历，所以他自带了“专业”的标签。与其他投资高手不同的是，郑志勇更习惯从行业的角度来看待目前的很多现象，比如如何更好地服务投资者，帮助投资者实现自己的投资目标。

可能很多人觉得自己与投顾没有关系，但其实我们身边的投顾无处不在，比如银行的客户经理、下单交易的平台以及我们关注的民间高手等。他们或多或少都扮演了投顾的角色，因为我们借助他们获得了很多信息，从而使自己的投资更容易。美国的很多投资者都有自己专属的投顾，他们付费给投顾来获取投资建议以进行资产配置或者基金投资。根据投资收费模式的不同，投顾又可分为买方投顾和卖方投顾。

**延伸阅读 5.3**

### 买方投顾与卖方投顾

买方投顾是指客户支付投顾费用，投顾提供财富管理服务。卖方投顾是指客户不需要支付投顾费用，投顾从产品供应方（客户购买的产品发行方）获取返佣。由于亚洲文化中没有为建议付费的理念，因此国内基本没有买方投顾。而且投顾也是人，也有生存需求，难免会被利益驱动。卖方投顾的利益是与产品发行方关联的，自然会倾向向客户推介提成更多的产品，而为了支持高提成，产品发行方收取的各类费率也会水涨船高。所以无论哪种投顾模式，投资顾问收取的投顾费用最终都来自投资者，只不过买方投顾的费用是由投资者直接支付，卖方投顾的费用是投资者间接支付。卖方投顾模式与买方投顾模式的资金流与利益流如图 5.1 所示。

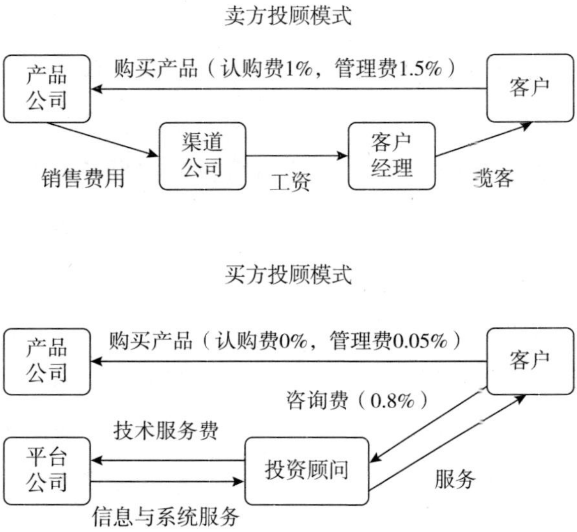


图 5.1　卖方投顾模式与买方投顾模式的资金流与利益流

指数基金的各类费率一般是远低于其他基金的，因此无法给传统投顾带来高提成，在传统渠道，指数基金面向个人的销售开始变得艰难。但在美国，指数基金一直处于净流入状态。基金业绩是不可预测的，但是基金运营的成本是可以预测的，为何美国的投资者如此理智，难道他们比我们中国投资者聪明？其实最爱学习的是中国投资者，而造成这种差距的主要原因是上文提到的投顾模式的区别。而且在 2016 年，美国劳工部颁布一个法令，投顾在进行投资业务咨询时，向客户收取的投顾费和基金管理费（托管费等综合费用）合计年化不能超过1%。如果我是投顾，我也会向客户推荐指数基金，因为指数基金管理费用低，因此收取的投资顾问费相对也会较高。

（资料来源："绿巨人组合"管理人郑志勇。）

郑志勇现在还有一个角色，是"绿巨人组合"的管理人，他认为通过构造组合让粉丝跟随是一种很好的服务模式，而在这个过程中，其实他充当的就是投顾的角色。现在"民间高手"自己构造组合，粉丝跟随是一种比较常见的现象，在很多在线基金销售平台都可以看到。郑志勇认为这种模式相较于国内传统的卖方投顾模式而言，是更接近投资者的，更从投资者角度出发的。

## 民间高手的投资理念

正如郑志勇所言，很多民间高手在一定程度上充当了投顾的角色，而要做好粉丝的投顾，自然要有一套被认可的投资理念。我们调研了两位典型的民间高手来探究其投资理念。一位是在雪球拥有20多万粉丝的银行螺丝钉，他倡导熊市要定投指数基金；另一位是在知乎拥有20多万粉丝的刘鹏程，他将技术面深奥的金融知识通过简单浅显的表述，为投资者答疑解惑。

### 银行螺丝钉：熊市要定投指数基金

接下来要介绍的有强大号召力的民间高手就是银行螺丝钉，粉丝们一般称其为"钉大"。在成为职业推广指数基金的投资高手之前，他是一名银行职员。在银行，他总能接触到各种各样的投资产品，也会参加很多投资培训，在一次偶然的培训课上他了解了指数基金，从此他与指数基金之间产生了妙不可言的化学反应。银行螺丝钉发现指数基金虽然在国外已经非常流行，但在国内还没发展起来，既然没有人去宣传指数基金，那他就来吧！下定决心，说干就干，偷偷“裸辞”后的银行螺丝钉开始学习指数基金的专业知识，他用了近半年的时间集中阅读了近30本和投资相关的经典图书，从建立知识框架到学习专业术语，再到实战演练，一边学一边记录，最后足足记满了30本读书笔记。完成了基础学习后，他开始写文章，并陆续发布在雪球等平台上，目前吸引了20多万的粉丝。2017年，他的《指数基金投资指南》出版，不到一个月，首批2.5万册就售罄，并且同年他还成为中央人民广播电台和北京电视台投资栏目的特邀嘉宾。他自己也是个普通投资者，日常也会利用指数基金来进行投资，同时也会经常在网上跟粉丝们分享自己有关指数基金投资的心得，还会在微信公众号、雪球等平台上更新指数和股票市场的估值数据。这些年，他累计发布了几百万字，主要是倡导投资者要在熊市利用指数基金进行定投。

高收益才是一个民间高手真正的通行证，赞同他的投资理念，坚持定投超过2年的粉丝，几乎都是赢利的：据2016年问卷调查，其粉丝坚持定投指数基金的，96%是赢利的；2017年，这个比例更是达到了98%。在雪球上，银行螺丝钉每天为20多万粉丝更新估值表，已经坚持了3年多。当有粉丝说自己有选择恐惧症时，从2018年1月开始，他就每周拿出5 000元，做定投实盘展示。他说：“不知道怎么买时，就看我怎么买。反正天塌了，有高个子顶着！”事实证明，跟随他定投的粉丝，绝大多数都赚到了第一桶金。在与投资者的交流过程中，他最常遇到的一个问题就是“股票基金长期是赚钱的，但是为什么投资者本身不赚钱”。中国股市长期收益不错，但投资者大多数是亏钱的。以上证指数为例，从 1991 年的 100 点开始起步，到今天上涨了 20 多倍。证监会之前也披露过，截至 2017 年年底，偏股型基金的年化收益率高达 16.5%。这可是年化收益率，不是总收益率，这个收益高于大家身边绝大部分的投资品种了。这说明股票基金，还是为投资者长期创造了不错的投资回报的。但是投资者真的赚钱了吗？只有少部分投资者赚了，大部分投资者还是亏钱的。究其原因，就是追涨杀跌，大多数人买入时间是在牛市的中后期，买在了高位，而在市场底部时则持观望态度，错失了较好的投资时机。

**延伸阅读 5.4**

## 熊市要定投指数基金

之前做过一个回测，如果持有现金，投资者可以赢过市场上同期大约 73% 的股票投资者。为什么中国股市长期提供了不错的收益，投资者却是亏钱的多呢？一个很重要的原因就是，大部分投资者，都是在牛市高点的时候才开始投资的。想想身边的亲戚朋友什么时候讨论股票最多呢？往往都是 2007 年、2015 年牛市的时候。大多数人的习惯是，在刚开始投资的时候少量投一点，大涨之后才重仓买入，而且越是上涨，越是后悔当初买少了。人性是趋利避害的。看到上涨，习惯买入追涨；看到下跌，习惯卖出止损。于是结果就是，便宜的时候买的少，贵的时候买的多，收益自然不会好。

根据数据，大约 70% 的投资者，是在 2007 年和 2015 年这两轮牛市期间才开通基金账户，开始投资股票基金的。并且是市场涨得越高，新开户的投资者越多，投资者投入的资金量越高。在五六千点，投入大部分资产的大有人在。那之后这些投资者的收益可想而知。如果这些投资者在市场相对便宜的时候买入，长期持有，最后是可以获得不错的收益的。所以银行螺丝钉平时经常告诉投资者，股票基金，特别是指数基金，适合在熊市低估的时候投资，而不是牛市高估之后投资。

仅仅是避开高估值的时候投资，在熊市买入，投资者就可以享受中国股市带来的长期上涨的收益了。而且做到这一点并不是特别难。对于指数基金来说，有一些很方便的估值指标，可以帮助投资者大致判断当前的市场是高估还是低估。普通投资者不要奢望买在最低点卖在最高点，通过估值指标大致判断出较低的区域和较高的区域即可。然后配合熊市定投等投资方式，可以进一步减少波动，让投资者更容易坚持下来。希望指数基金这个优秀的投资品种，能够给国内投资者带来更好的长期回报，让投资者享受国家经济发展带来的红利。

（资料来源：雪球意见领袖银行螺丝钉。）

## 刘鹏程：因人施教

银行螺丝钉是通过自学成才，然后将关于指数基金的投资知识总结成文字，系统地分享给投资者的。而在知乎还有一位民间高手——刘鹏程，两年来回答了投资者近300个专业投资问题，吸引了22万的粉丝关注，他致力于将深奥的金融知识转化为通俗易懂的文字，让更多的人变得更专业。

刘鹏程从日常回复粉丝的过程中能感觉到最近几年指数基金越来越受到投资者的关注和重视了。粉丝关于指数基金方面的问题日益增多，他们团队管理的私募产品也从过去个股与ETF、指数基金八二比例的结构逐渐调整为基本各占一半的结构。他发现虽然投资者对指数基金的关注度和重视度日益增高，但大多数投资者对指数基金的了解仍不深入。

他认为，对于大多数投资者来说，投资指数基金时的策略选择和分析手段很关键。由于 ETF 和指数基金的交易越来越便捷，同时 ETF 和指数基金为投资者节约了大量在选股方面的时间成本和精力成本，因此很多喜欢短线交易的投资者开始尝试利用市场的短期波动在 ETF 和指数基金上获取短期盈利。但大部分投资者参与指数基金的目标是中长期持有的，以期充分享受我国经济持续成长潜力，捕捉 A 股市场整体发展机会或者市场在牛熊转换中展现出来的周期性机会。这类投资者需要格外重视能合理反映市场趋势变化的中长期技术指标、能体现市场大环境变化的关键宏观数据以及政府对 A 股市场的重要政策调整。通过这些数据、指标和政策变化，他们可以找到最适合介入市场的时机，并在收获充足的中长期涨幅之后在合理的时机退出，完成基于市场周期变化的一个投资周期。

**| 延伸阅读 5.5 |**

**如何高阶玩转指数基金？**

A 股市场当中的指数基金中长期投资者还应该特别重视对自己的投资预期管理，因为大部分投资者之前对指数基金的理解都来自成熟市场，但是 A 股市场的成熟度和周期特征与成熟市场存在较大差异。因此以成熟市场经验为蓝本的指数基金中长期投资预期与规划，很多时候在 A 股市场执行起来会碰壁。在制定中长期投资规划之前，一定要充分考虑到 A 股市场周期性波动较大、过程较为剧烈、牛熊转换周期中的筑底阶段较长这些特征。在预期规划当中，要合理地考虑相比于成熟市场更多的时间成本、更剧烈的底部波动等实际因素，以免因为预期与现实差距过大而产生不必要的资金成本和时间成本。

对于指数基金的基础性投资者来说，市场周期性数据和行业特征与前景是投资者应该重点和优先考虑的情况。对于指数基金的资深投资者来说，还可以在基础策略上进行一些结合自身优势和能力的优化，以得到更高效的投资成果。这些优化方式主要集中在风格轮动、行业轮动和优化配置上。A股市场的特征决定了常用的几个宽基指数之间存在比较明显的风格轮动，在市场周期运行过程中，适当在不同风格的宽基指数之间做一些切换和调整，是最常见的资深投资者优化投资的一种模式。而对于对行业发展趋势有深入研究的投资者来说，利用行业指数基金把握市场内部的行业轮动也是一种比较可行的优化模式。还有一些投资者在策略上淡化上述两种比较偏重择时的手段，把更多的时间和精力放在优化组合配置方面，争取让自己的组合在牛市阶段涨幅最优化，同时争取让自己的组合在熊市阶段回撤最小化，穿越牛熊市长期持有组合，通过优化配置来确保组合的稳定性。

将指数基金作为基础投资工具，可以构建很多有效的投资策略和模式。投资者可以一方面结合A股市场的特性和自身情况来尝试更多的调整和优化，另一方面也可以积极地了解在成熟市场中如何使用指数基金。虽然A股市场的成熟度不及那些完善的成熟市场，但是随着市场的发展，A股市场会逐步向成熟市场靠拢，在这个过程中，很多来自成熟市场的关于指数基金的投资方式也会越来越适用于A股市场。

（资料来源：知乎意见领袖刘鹏程。）

# 第六章　专业机构操盘实录

对于机构投资者而言，指数基金因为简单清晰、风险收益特征鲜明、容量空间大、流动性好、业绩可回溯可分析等特点，已成为机构投资者的重要投资工具。10年过去了，机构投资者持有的指数基金规模翻了不止10倍，从2008年年底的149亿元一路跃升到2018年的3 050亿元。具体如图6.1所示。

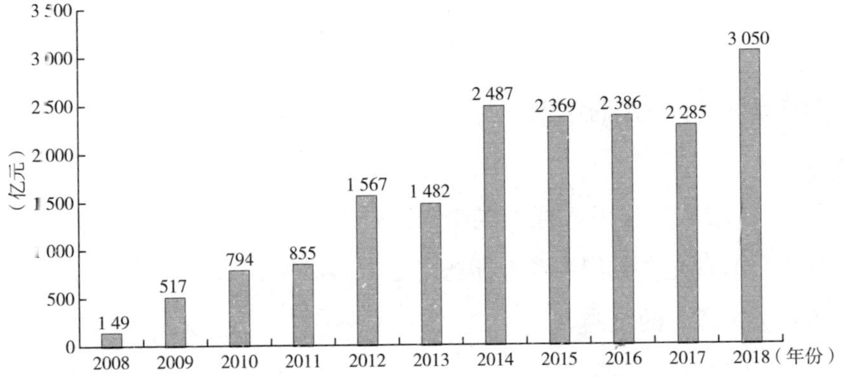


图6.1　机构投资者每年持有的指数基金规模

资料来源：万得资讯，天弘基金整理；数据区间：2008-12-31至2018-6-30。

目前市场中，将指数基金作为重要投资工具的机构投资者种类繁多，不同机构的投资目标不同，因此其偏好的指数基金的细分品类、投资方法论也不一而足。由于篇幅所限，下文我们仅选取“国家队”、社保基金、保险机构、公募 FOF 这四类相对具有代表性的机构进行重点阐述。

**延伸阅读 6.1**

**公募基金行业的分析与展望**

机构投资者占比稳步提升。即使从机构投资者占比偏低的权益类基金角度，金融危机后其机构投资者比例亦稳步攀升。2008 年至 2015 年，机构持有基金规模占比逐步升至 34%。两年多来，机构投资者占比有小幅回落，截至 2018 年半年度末，机构持有基金规模的市场份额占比仍高于 1/4。经过近十年的发展，上市权益类基金的机构投资者属性亦趋于多元化。

（资料来源：中信证券姜鹏、厉海强、朱必远、刘方、赵文荣、王兆宇、张依文、顾晟曦。）

## “国家队”：为国护盘

“国家队”作为 A 股市场中一股强大而神秘的力量，一直吸引着社会的目光。我们也怀着朝圣之心，尝试探究这股神秘力量在指数基金投资上的轨迹。

“国家队”是指代表国家投资证券基金市场的机构。目前，市场公认的“国家队”包括中央汇金，证金，国家外汇管理局旗下梧桐树、凤山、坤藤 3 个投资平台以及 5 只“国家队”定制公募基金——招商丰庆、易方达瑞惠、南方消费活力、嘉实新机遇、华夏新经济。而在股票 ETF 投资领域，我们只看到了中央汇金和证金的身影，其中，证金还是在2015年股灾救市时才第一次现身，再往前的榜单上并没有它，中央汇金作为最根正苗红的“国家队”一员，一直都在。

“国家队”确实神秘，我们目前能从公开渠道获得的“国家队”信息，仅有每半年公布一次的股票ETF前十大持有人信息。从表6.1和表6.2可以看出“国家队”名副其实。截至2018年年中，中央汇金和证金合计持仓626亿元，占机构持仓的1/4。

表6.1 中央汇金投资有限责任公司2018年中报持仓

| 名称 | 持仓金额（亿元） | 持仓比例（%） |
| --- | --- | --- |
| 华夏上证50ETF | 169 | 51 |
| 华安上证180ETF | 159 | 93 |
| 南方中证500ETF | 96 | 50 |
| 华泰柏瑞沪深300ETF | 86 | 39 |
| 华夏沪深300ETF | 69 | 90 |
| 国泰上证180金融ETF | 27 | 92 |
| 嘉实沪深300ETF | 3 | 13 |
| 易方达深证100ETF | 1 | 3 |

资料来源：万得资讯，数据截至2018年6月30日。

通过进一步的数据研究，我们发现“国家队”在股票ETF投资上显著地体现出了两个行为特征，如图6.2所示。以2015年股灾（中报时点）作为时间节点来看：2015年股灾前，精准地做好大波段的高抛低吸；2015年股灾后，为国护盘，保持战略定力，一动不动。

表6.2　中国证券金融股份有限公司2018年中报持仓

| 名称 | 持仓金额（亿元） | 持仓比例（%） |
|---|---|---|
| 华夏中小板ETF | 9.44 | 40 |
| 易方达深证100ETF | 4.30 | 20 |
| 嘉实中证500ETF | 2.21 | 66 |
| 华夏上证主要消费ETF | 1.18 | 56 |
| 大成中证500沪市ETF | 0.03 | 9 |
| 景顺长城中证500ETF | 0.03 | 44 |
| 万家上证50ETF | 0.02 | 32 |

资料来源：万得资讯，数据截至2018年6月30日。

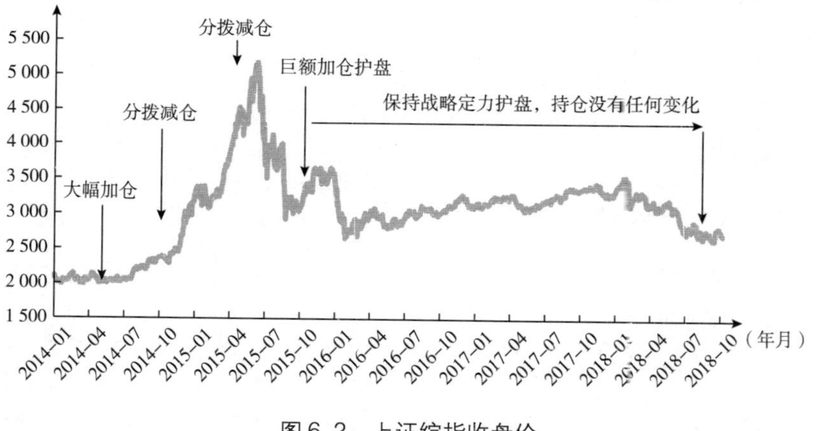


图6.2　上证综指收盘价

资料来源：万得资讯。

图6.3可见“国家队”选手灵动的身姿，精准把握大波段。

图6.4和图6.5可见“国家队”选手“静若处子”的定力，为国护盘不遗余力。

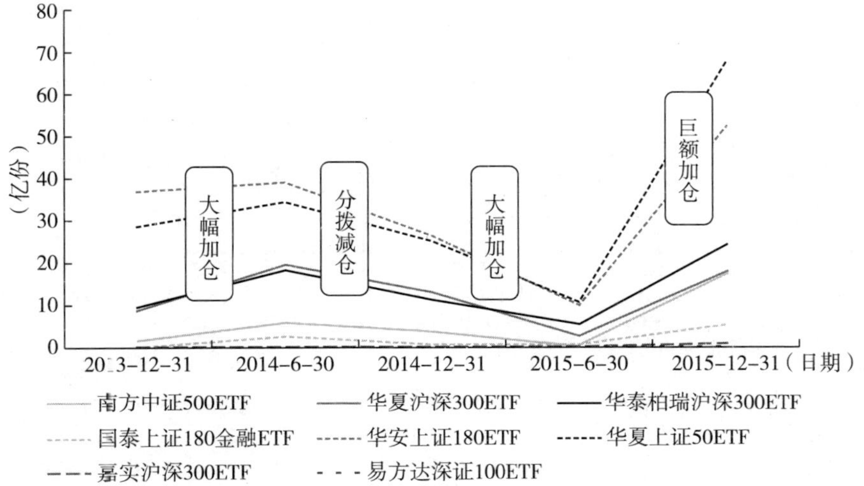


图 6.3　中央汇金股票 ETF 持仓数量变化（2013-12-31 至 2015-12-31）

资料来源：万得资讯。

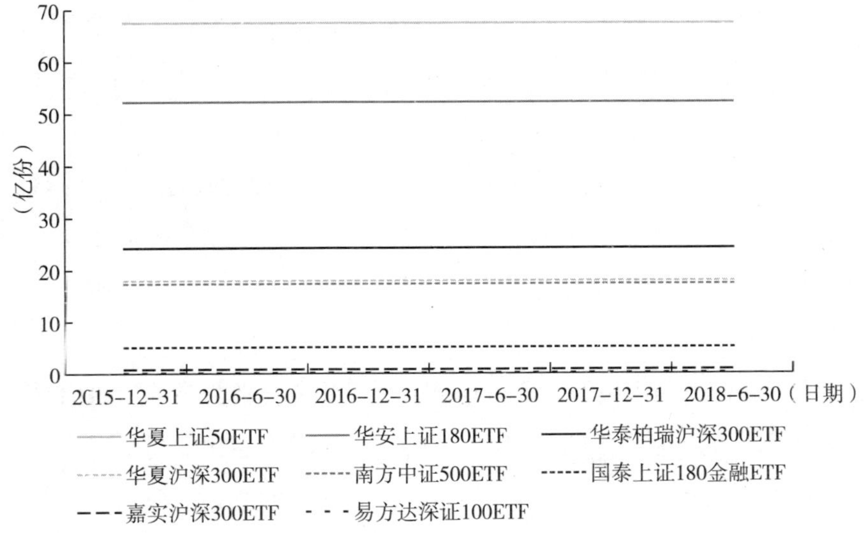


图 6.4　中央汇金股票 ETF 持仓数量变化（2015-12-31 至 2018-6-30）

资料来源：万得资讯。

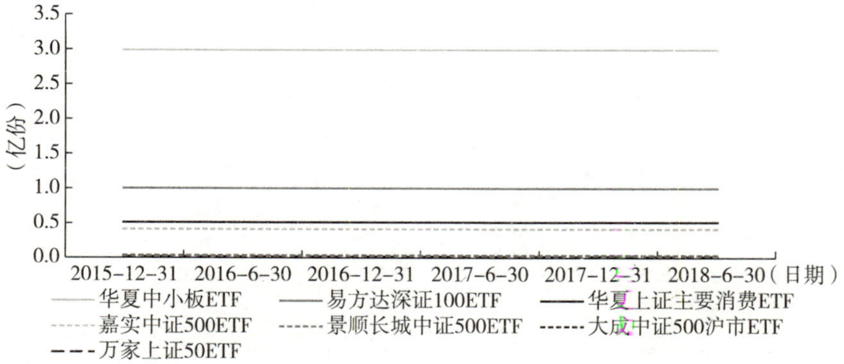


图 6.5 证金股票 ETF 持仓数量变化（2015-12-31 至 2018-6-30）

资料来源：万得资讯。

## 社保基金：长线配置

社保基金，简单来说就是为国民管理好养老金的国家大基金。而为了保障国民养老金而做的投资管理中，最关键的切入点就是资产配置。如前文所述，1986 年，学者布林森（Brinson）对 91 只大型养老金在 1974 年至 1983 年的业绩表现进行归因，发现资产配置可以解释投资组合 93.6% 的业绩表现。此外，根据海通证券的研究，在中国，2006—2015 年 A 股公募基金收益波动的 70% 以及基金收益差异的 40% 都与资产配置相关。也就是说，社保基金做好资产配置就足以回应社会大众对它的所有关注。

因此，要为国民管理好养老金，社保基金日常需要分析对比预判为数不多的几类资产的风险收益特征，然后决定在不同的时候分别配置怎样的比例。尽管理念简单，但是蕴含的意义很深刻，循着资产配置的道路走，既有理论支撑又有实践验证。

举例来说，社保基金可能只需要关注诸如股票、国债、金融债、企业债、现金 5 类资产，而衡量这些资产风险和收益特征的一个指标就是对应的资产指数，比如股票资产就是全股指数、国债资产就是国债指数，以此类推，将这5个指数的风险和收益参数计算一下，就能很好地反映每个资产平均的风险、平均的收益。

就这么简单吗？是的，这样就够了，我们不需要一头扎进“股海”，迷失在对3 000多只股票的选择里，只要研究一个代表平均水平的股票指数就可以了，因为指数的方向就是股市的大方向，指数的涨幅就是股市的平均涨幅。如此，就可大幅降低研究的复杂度，同时能留住90%以上的收益率贡献。更重要的是，社保基金这种“航空母舰般”的大型基金，若真扎进“股海”，试图获得几只赚钱的股票，那么投入产出比是极其不合适的。为了不影响市场，可被用于购买股票的本金，对于社保基金这种庞大的以万亿元计的资产来说，简直是沧海一粟，投资股票根本无法满足社保基金的配置需求。即使对某只股票预判得再准，这只股票的投资回报率再高，社保基金的资金投入进去，收益率也会被摊薄。所以，对资产的方向判断准确，获得一个平均回报是更现实和可行的，这种收益是没有容量限制的，是社保基金可以切实得到的，也是社保基金服务的老百姓唾手可得的。

当然，据了解，在具体实践中，社保基金关注的资产类别是不止上述5类的，但是也难超过百种。其可能会对大类资产按某些维度继续进行拆分，得出一系列风险和收益特征有明显区别的资产，从资产配置的理论上来说，这样就能得出风险收益比更好的投资机会集（有效前沿曲线）。举例来说，最简单的分法就是按市值来拆成大盘股、中盘股、小盘股等，而投资细分资产的一个很重要的切入点就是投资细分资产指数基金。

总而言之，指数基金让社保基金分析和瞄准机会更简单，获取收益更简单，而且牺牲或放弃的收益很少，因此它是社保基金偏爱的重要投资品种。从配置行为上看，由于社保基金的资产配置更倾向长期持有，因此我们从股票ETF前十大持有人信息的榜单中几乎看不见社保基金的身影，也并不感到意外。从配置方向上看，社保基金更倾向于配置宽基指数和风格指数基金，因为其配置方法论研究体系更成熟和完善。而目前对行业指数基金和主题指数基金的轮动研究仍处于探索阶段，若未来能有更完备的论证，社保基金也会考虑增加配置。

**延伸阅读6.2**

**养老基金投资管理**

资产配置之所以成为养老基金投资管理的核心内容，主要有两个原因。一个原因是不同养老基金的风险偏好有较大差异，通过合理资产配置可以使养老基金整体的风险水平与自身的风险偏好较一致，满足不同养老金的个性化要求。另一个原因是世界上没有一种绝对最优的资产，即一种收益较高同时风险又较小的资产供养老基金进行投资，资产的收益和风险总是相互匹配，预期收益较高的资产风险较大，而风险较小的资产预期收益较低。当养老基金完全投资低风险的短期国债和现金资产时，基金资产的波动风险较小，一定时期内资产安全也有保证，但无法满足养老基金对长期收益水平的要求，基金资产可能受到通货膨胀的侵蚀。而当养老基金完全投资风险较大的股权资产时，尽管基金的长期收益水平可能提高，但是资产价格的波动风险可能超过养老基金所能接受的最大限度，情况严峻时可能影响养老制度的平稳运行。当养老基金合理配置多类资产时，养老基金整体的收益和风险特征会得到改善，不同资产之间的低相关性和负相关性会抵消掉一部分风险，从而使得风险较小且收益较高成为可能，将多类资产合理配置后的养老基金具有比任何单一类别资产都更为优化的收益和风险特征。
资料来源：天弘基金副总经理熊军。

## 保险机构：长投、短炒两不误

在市场化机构中，保险机构可以说是指数基金投资战场中最重要的一股力量。根据调研，我们发现保险机构在指数基金投资的实践上可谓丰富多彩。涵盖而并不限于以下几类：

第一，偏向中长期资产配置的方法论，主要被大型保险公司的资产配置部门采纳，与前文所述的社保基金运用类似的投资理念，偏好宽基指数、风格指数基金。

第二，中期配置宽基指数增强基金获得较好的相对收益，是各类型保险公司投资经理应对相对收益考核的一个妙招。我们前期研究也发现，市场中确实存在一些宽基指数增强基金能在中长期维度提供非常稳定和可靠的回报。但指数增强基金是一把“双刃剑”，其中短期超额回报并不稳定，负超额贡献亦不在少数，因此配置指数增强基金的保险机构往往在做出投资决策前已经对投资期限做了明确规划。我们把以上这两种以外的投资派别称为“灵动投资派”，这一派别又有不同的风格。

第三，灵动投资派之在短期（往往数个交易日内）以宽基 ETF 择时博取绝对收益，这也是不少保险机构投资经理的日常操作。市场总是会提供低风险高赔率的短期投资机会，尤其在市场情绪极端恐惧的时候，这种错误定价的机会在短期内很可能是存在的。而要抓住这类机会，宽基 ETF 就是非常好的投资工具，判断准确短期趋势就能赚钱。而个股在短期内的影响因素更为复杂，股价很可能由于各种原因与我们的预估不符，而以宽基 ETF 择时只需要考虑市场趋势这一个问题，显然这是更好的择时工具。

第四，灵动投资派之在中期波段（往往数月内）以宽基 ETF 或场外指数基金进行波段操作，博取相对收益，即诸多保险机构提到的战术资产配置，但背后理念不尽相同。可能是中期的均值回归或趋势延续，也可能是宏观基本面变化驱动；可能是基于主观研究和判断，也可能是基于量化模型计算的结果。无论如何，以宽基 ETF 或场外指数基金做中期波段，是保险机构一直坚持的模式。

第五，灵动投资派之行业轮动，主要是以场外行业指数基金作为工具，捕捉 A 股市场中各行业轮动机会以博取相对收益或绝对收益，在该领域目前有一小部分保险机构在探索。众所周知，目前学术界对行业轮动机会的研究尚不成熟，但是行业轮动现象我们可以明确地观察到，只是总结轮动规律尚有一定难度。虽然这种现象在回溯时显而易见，但获取时有一定的风险和难度，市场上确实有一小部分保险机构在做更深入的研究和探索，但方法论比较复杂，毕竟驱动不同行业基本面的核心变量不同。

据了解，目前市场中相对简单的行业轮动方法有两个方向。一是可以直接引用股票择时方法论，如动量效应或反转效应，如前一段时间涨得好的行业接下来会继续涨，或前一段时间涨太多的行业接下来就会平缓一些。二是可以直接将选股的方法论用在行业的选择上，如将多因子打分选股的模式用于多因子选行业上，即对过去一段时间被市场青睐的行业的特征进行分析，然后基于这些特征去寻找现在综合能力最强的几个行业并买入它们。

我们以天弘基金的机构投资者交易为案例进行深入介绍。

案例1：

A保险公司，于2017年4月19日以3 000万元申购中证800指数基金，于2017年12月20日赎回，收益率为14.7%，半年多赚取收益441.7万元。

案例2：

B保险公司，于2017年4月14日以4 000万元申购上证50指数基金，持有至2018年09月30日，收益率为16.9%。

案例3：

C保险公司，于2017年4月11日以2 000万元申购银行指数基金A，于2017年9月13日赎回，收益率为14.2%，赚取收益291.35万元。

从以上案例可以看出，机构投资者的投资行为是有一定超前性的，看准了就申购，收益率10%~20%就赎回。

## 公募FOF：建模必选指数基金

公募FOF正式进入大家视野是在2017年秋天，首批6只公募FOF于2017年9月8日获批，累计募集166亿元。近年来，更多公募FOF以替普通投资者解决选基金的难题为目标，陆续面世。

经研究，在大多数公募FOF的投资策略中，指数基金都占据了重要的地位。截至2018年12月14日，已经成立的21只公募FOF的投资策略，有6只是目标日期策略，有7只是目标风险策略，有6只是风险平价策略，仅有2只是其他策略。可以看出，21只公募FOF中，19只的投资策略都是以“风险”为主线的。具体如表6.3所示。

表6.3　公募FOF基本情况

| 基金简称 | 成立日期 | 投资策略 |
|---|---|---|
| 华夏养老2040三年 | 2018-09-13 | 目标日期 |
| 中欧预见养老2035三年A | 2018-10-10 | 目标日期 |
| 工银养老2035三年 | 2018-10-31 | 目标日期 |
| 南方养老2035三年A | 2018-11-06 | 目标日期 |
| 鹏华养老2035三年 | 2018-12-05 | 目标日期 |
| 银华养老2035三年 | 2018-12-13 | 目标日期 |
| 建信福泽安泰 | 2017-11-02 | 目标风险 |
| 华夏聚惠稳健目标A | 2017-11-03 | 目标风险 |
| 中融量化精选A | 2018-05-04 | 目标风险 |
| 长信稳进资产配置 | 2018-09-05 | 目标风险 |
| 泰达宏利泰和养老（FOF） | 2018-10-25 | 目标风险 |
| 富国鑫旺稳健养老一年 | 2018-12-13 | 目标风险 |
| 万家稳健养老（FOF） | 2018-12-13 | 目标风险 |
| 南方全天候策略A | 2017-10-19 | 风险平价 |
| 嘉实领航资产配置A | 2017-10-26 | 风险平价 |
| 泰达宏利全能优选A | 2017-11-02 | 风险平价 |
| 前海开源裕源 | 2018-05-16 | 风险平价 |
| 华夏聚丰稳健目标A | 2018-10-23 | 风险平价 |
| 前海开源裕泽定开 | 2018-11-22 | 风险平价 |
| 上投摩根尚睿 | 2018-08-15 | 跑赢业绩比较基准 |
| 海富通聚优精选 | 2017-11-06 | 精选主动管理绩优基金 |

资料来源：万得资讯。

为了切实贯彻以“风险”为主线的投资策略，在实操环节中，基金经理需要以细分资产类别的指数的风险和收益参数作为输入，进行最优化测算，倒推出每类资产的配比，更详尽的模型将在下一节进行介绍。在具体每类资产产品中，是买主动基金还是指数基金，主要取决于FOF基金经理的理念、其对市场风格的预判以及其能否从市场中挑出擅长某种风格且风格稳定不漂移的主动基金经理等一系列因素。但无论怎么讲，测算过程中使用的是指数的风险收益特征，在实操中同样是以指数基金去配置的，这样便最完美地复制了模型结果，能更好地满足风险控制目标。从表6.4看，股票指数基金在权益类资产中的配比很高，它确实是公募FOF的配置“利器”。

表6.4　前10只FOF基金权益持仓情况

| 前10只FOF基金 | 权益持仓比例 |
|---|---|
| 南方全天候策略 | 未投权益方向 |
| 建信福泽安泰 | 未投权益方向 |
| 华夏聚惠稳健目标 | 100% |
| 泰达宏利全能优选 | 100% |
| 中融量化精选 | 100% |
| 前海开源裕源 | 100% |
| 海富通聚优精选 | 15.4% |
| 嘉实领航 | 0% |

资料来源：万得资讯，数据截至2018-9-30。

## 指数基金投资模型：风险平价策略

如果说，要挑选一个能同时满足机构投资者和普通个人投资者需求的指数基金投资策略，我们首推风险平价策略。

这个策略是指在一个投资组合里，让各类资产以某种配比混合，最后每类资产贡献的风险一样多。随着市场变化，如果发现某类资产贡献的风险多了一些，就立即通过小幅调仓使每类资产贡献的风险和之前保持一致。

在整个组合构建过程中，我们只需要回头看每类资产的历史波动率，不需要预测这些资产未来的收益率。在预测未来方面，可能机构投资者比个人投资者有更多的信息优势和研究优势，但在风险平价策略里，所有投资者都是站在同一起跑线的，即放弃预测回报，只关注过往的风险。就是这么简单。

对这个策略的表现，如果用一个词来形容，那就是优雅。因为它不会被某类资产的尾部风险拖累，能穿越长周期而不倒。早些年，美国市场流行的是股票和债券 4∶6、3∶7 这类恒定比例的资产配置模式。但是问题来了，股票资产的风险明显比债券资产的风险高得多。所以，在恒定比例的资产配置模式下，股票资产即使只配置 30% 或 40%，从过去 90 年的历史数据来看，其对整个资产组合风险敞口的贡献却高达 90% 以上，也就是分散的资产配置并不能很好地起到风险分散的作用。

综上可知，风险平价策略的核心就是充分分散风险，抵御极端风险事件。因为各类资产配比的调整依托于其历史波动率，因此需要各类资产具有可回溯性和标准性，而指数基金无疑是最优的选择。

## 指数基金投资模型：全天候策略

前文介绍的风险平价策略，一般认为最早是由桥水基金（Bridgewater）的创始人瑞·达利欧（Ray Dalio）提出的，虽然他没有明确提出“风险平价”这个词，但是他应用了这个理念。达利欧及其团队早在1996年就推出了一个全天候策略，这个策略比前文介绍的风险平价策略要更高级一点，也就是在风险平价前面加入基于经济周期的状态判断，即用GDP和居民消费价格指数（Consumer Price Index，简称CPI）两个经济指标画出四个经济状态，在每个经济状态下配置最适合该状态的一系列资产类别，并赋予这四种状态相同的风险权重。

达利欧并没有将其命名为风险平价策略，而称其为全天候策略，顾名思义，这个策略能在各种经济周期下做到风险均衡。达利欧把投资回报进行拆解，发现要想长期获得稳健回报，可以通过构建多类资产组合的方式，以较小风险博取较大的系统性回报。

**| 延伸阅读6.3 |**

**从桥水全天候策略看风险平价**

如何构造一种静态投资组合，能够穿越经济周期，获得可持续的良好表现呢？受到长期债务管理的启发，达利欧及其团队将投资回报（r）解构为三部分：现金回报（rc）、承担市场风险获得的超额回报（β），以及主动管理带来的回报（α）。

$$r = rc + \beta + \alpha$$

其中：

rc代表现金回报或者无风险利率，指一项没有风险的投资可得到的理论投资回报率，通常可以用各国央行的目标利率来指代，如中国的一年期存款利率、美国联邦基金利率等。

β代表承担市场风险获得的超额回报，即超过现金的回报，获取成本低，绝对值不高，但长期来看能够跑赢现金回报。

α是投资者通过主动管理或者投资策略从对手处获取的回报，有可能很高，但不稳定，总体是零和博弈，并且获取成本很高。

那么要想建立一个穿越经济周期、获得可持续的良好表现的组合，其重点就在于如何获得长期稳健的β回报，而不是去获得α回报。经过数载探索，桥水基金的达利欧团队于1996年推出了全天候策略，其能够以较小的风险获得β回报，成为长期投资的一种理想策略。

（资料来源：中国公司大类资产研究团队。）

第三部分

# 指数投资修炼手册

# 第七章　如何挑选：只选对的，不选贵的

看过了散户、民间高手、机构投资者对指数基金的看法，相信你对指数基金的了解又深了一些。接下来几章，我们将系统地总结一些关于指数基金的投资方法，包括如何挑选单只指数基金、指数基金的投资方式、如何定投、如何通过在线投顾服务来更好地享受指数基金带来的投资成果。

赚钱不容易，所以我们在买东西时往往比较谨慎，可能会“货比三家”或要求先试用，再决定要不要买。那如何挑选指数基金呢？毕竟指数基金不能试用，而且连外形都看不到。在这种情况下，我们就需要认真了解不同指数基金的含义、分类和挑选方法。

## 看名字识基金

首先，我们需要看名字识基金。比如沪深 300 指数，包含 300 只“白马股”①，由沪深两市市值排名第 1 至第 300 名的股票构成，

① 白马股，一般指其有关信息已经公开的股票，具有信息透明、业绩优良、持续增长的特点。

这些股票也被称为“龙头股”[①]，充分代表了大盘的走势情况。再比如中证500指数，包含500只“黑马股”[②]，由市值排名第301至800名的股票组成，由于剔除了市值排名前300的股票，成分股偏中小盘，因此这些股票代表中盘的走势情况，也被称为“成长股”[③]，这些股票因为市值较小，所以成长起来的话，增长比例要比那些大公司的股票大得多，超预期也就容易得多。当然，也有不包含数字的规模指数，比如中证全指，由全部股票组成；上证综指，由上交所所有上市股票组成，我们平时最常说的大盘多少点，说的就是上证综指。行业和主题的指数基金就更好认识了，比如中证计算机指数，选的就是以信息技术服务、应用软件、系统软件、电脑硬件等为业务的上市公司股票作为成分股，以反映计算机类相关上市公司的整体表现。再比如中证食品饮料指数，选的就是饮料、包装食品与肉类两个行业的上市公司股票作为成分股，以反映食品饮料类相关上市公司的整体表现。所谓“民以食为天”，食品饮料主题板块的内在驱动力是持续存在的，尤其是近两年在火爆的“白酒行情”的带领下，食品饮料指数拥有较好的走势。

虽然有些主动基金从名字也能看出它是投资什么的，但是由于很多股票都有多个概念，基金经理主动操作后，同样的名字，实际买的股票可能千差万别，不同的时间或者基金经理的更换，都会导致基金风格漂移。而指数基金在指数编制时，便确定了规则，买哪些股票，所以知道了名字，就能知道它是投资什么的，具体持有哪些股票。

---

① 龙头股，是指某一时期在股票市场中对同行业板块的其他股票具有影响力和号召力的股票，它的涨跌往往对其他同行业板块股票的涨跌起引导和示范作用。

② 黑马股，是指价格可能脱离过去的价位在短期内大幅上涨的股票。

③ 成长股，是指处于飞速发展阶段的公司发行的股票。成长股不具有特定的权利内容，是人们对于某些公司发行的股票的主观评价。

# 指数基金的分类

## 按选股规则分类

由于指数基金是严格跟踪指数的，指数的表现基本就决定了基金的表现，所以了解有哪些指数，从中挑选出理想的指数就变得很重要了。股票指数按照选股的规则可以分为规模、行业、主题以及策略指数。

### 规模指数

规模指数可以说是指数体系中最为重要的一个指数类别，因为它不仅为市场提供了丰富的分析工具和业绩基准，也为指数产品和其他指数的研究开发奠定了基础。常见的规模指数如表 7.1 所示。

表 7.1　规模系列指数

| 规模指数系列 | 规模指数 | 代表盘别 |
|---|---|---|
| 上证规模指数系列 | 上证 50 指数 | 超大盘 |
| | 上证 180 指数 | 大盘 |
| | 上证 380 指数 | 中盘 |
| 中证规模指数系列 | 沪深 300 指数 | 大盘 |
| | 中证 500 指数 | 中盘 |
| | 中证 800 指数 | 大中盘 |
| | 中证 1 000 指数 | 小盘 |
| 标普规模指数系列 | 标普 500 指数 | 大盘 |
| | 标普中盘 400 指数 | 中盘 |
| | 标普小盘 600 指数 | 小盘 |

### 行业指数

行业指数顾名思义就是先把股票按照一定的行业分类规则划分为不同的行业，再把这些股票按照一定的规则编制成指数，比如计算机行业、医药行业等。现在比较权威的行业分类体系有全球行业分类体系（GICS）、证监会行业分类、中信行业分类、中证行业分类等。

### 主题指数

A 股市场永远不缺热点，比如“一带一路”，国企改革、人工智能等。有些热点可能是稍纵即逝的，但有些具有长期发展的生命力。主题指数就是通过发现经济的长期发展趋势以及使这种发展趋势产生和持续的驱动因素，将能够受惠的相关产业和上市公司对应的个股编制成的指数。

### 策略指数

策略指数相较于前几个指数来说要复杂一些，具体是指根据不同的投资策略从市场中挑选出符合要求的成分股，然后将这些成分股编制成指数。举个例子，比如某基金经理认为自己的策略非常好，能持续获得很好的收益，并且该基金经理也能用一套规则解释清楚自己的选股逻辑，那就可以根据他的逻辑来制定出指数的编制规则，编出一只策略指数。所以策略指数是在被动投资的基础上融入了部分主动投资的理念。

目前常见的策略包括多因子、红利、成长等聪明贝塔策略以及等权重、风险平价等策略。

## 按投资策略和交易方式分类

理解了指数标的，对指数基金就有了大致的了解。如果投资者想进一步钻研，选到适合自己的指数基金，还有一些细节需要注意。例如，投资者看中了沪深 300 指数的潜力，上网搜索“沪深 300 指数基金”，结果发现出现很多基金，而且它们的名字还都不一样，这些都是指数基金吗？虽然都是被动追踪指数，但因为追踪指数的方法或者申购赎回的规则不一样，这些基金也会有细微差别。按照投资策略和交易方式，指数基金大致可以分为普通指数基金、指数增强基金、ETF 及 ETF 联接基金、LOF、分级指数基金。

**普通指数基金**

普通指数基金，也被称为场外指数基金，以复制的方法跟踪股票指数，旨在尽量与指数保持一致，获得与指数大致相同的收益率。这也是普通个人投资者理解起来最简单的一种指数基金。这类基金与一般基金的申购赎回规则一样，以每日收盘后的基金净值为价格进行申购。因为不是在股票交易所里发生，而是在基金账户里买卖，所以被称为场外指数基金。这类基金最大的优势是申购门槛低，申购方便，10 元即可起购，不仅可以在银行和证券公司的网点申购，还可以通过如蚂蚁财富、天天基金、盈米等各大基金销售平台申购，也可以从基金公司的官方网站、官分 App 申购。这类产品是早期 A 股市场最主流的指数基金，虽然后来逐渐扩展出多个种类，但直到现在依然占主流地位。

**指数增强基金**

乍一听指数增强，投资者往往会很兴奋：这不就是指数升级版吗？有了升级版，谁还会选择标准版？不过，投资还是需要理性，要先理性地理解“增强”这两个字。其实它更多的是指意愿性，而不是必定性，因为国内市场上的指数增强基金是在基本跟踪指数的基础上，通过主动操作，追求超越基准指数的收益，即牺牲了跟踪指数的精准度来追求更多的收益。如果主动操作是成功的，那就是实实在在的增强；如果主动操作不成功，那可能就会“减弱”了。

这类指数基金的优势是有可能获得比普通指数基金更高的收益，但劣势是对跟踪的指数拟合度要低于普通指数基金。而且一般由于带有主动操作，基金经理需要费心费力实现增强，所以该类基金的费用也要高于普通指数基金。对于投资者来说，要分析一个指数增强基金，既要理解跟踪的指数，还要理解增强部分的主动操作逻辑，但关于增强这部分的公开信息比较少，因此分析时会有一定的难度。

**ETF 及 ETF 联接基金**

ETF 的全称是交易型开放式指数基金，就是指在交易所进行交易的指数基金。ETF 的申购赎回规则不同于普通指数基金，投资者必须用“一篮子”股票申购基金份额，且赎回基金的时候也是“一篮子”股票。比如申购沪深 300ETF，那就必须同时拥有沪深两市 300 只股票才能申购该 ETF。对于普通个人投资者来说，这个申购规则难度太大了，要是想申购几只 ETF，那岂不是要拥有沪深两市大量股票才行？大家请放心，如果 ETF 申购赎回这么难，它早就被淘汰了。由于申购赎回规则要求是用“一篮子”股票，所以一般是机构投资者参与，而个人投资者都是在交易所进行实时交易，类似于买卖股票。ETF 独特的申购赎回规则大大提高了资金的利用效率，所以它跟踪指数的准确度要比普通指数基金高。而且由于可以实时交易，也大大提高了流动性。虽然 ETF 看似优点很多，但现实中它也有一些缺点。在中国，投资者交易 ETF 必须持有股票账户，而股票账户的开户条件比购买场外基金复杂得多，而且由于缺乏做市商机制，ETF 的流动性并不理想。

但中国人的创造力是无限的，当把 ETF 引入以后，人们发现它好像有点儿“水土不服”。怎么办？那就改造它，让它“中国化”！不是说在交易所交易 ETF 有困难吗？那就把它移到场外，于是就出现了 ETF 联接基金。那 ETF 联接基金是否就完美了？当然不是。由于 ETF 联接基金移到场外后跟普通场外基金一样，会面临场外申购赎回规则带来的资金利用效率较低问题，所以追踪指数基金的精准度也不如 ETF。从本质上来看，ETF 联接基金只是一个名字带有 ETF 的场外指数基金，而且需要注意的是，ETF 联接基金的资金不是直接投资股票的，而是投资对应的 ETF 基金。

### LOF

LOF 的全称是上市型开放式基金，也是在交易所交易的基金。LOF 最大的特点是既可以场外交易，又可以场内交易。它与 ETF 的区别还是挺大的。可以这么理解 LOF，它相当于为场外基金拓展了一个不一样的“销售渠道”，将场外基金放在交易所内交易。所以 LOF 没有 ETF 只能“一篮子”股票申购赎回的机制，也没有 ETF 的高交易效率，而且一般申购门槛也要低于 ETF。

### 分级指数基金

分级指数基金是指通过事先约定基金的风险收益分配，将母基金份额分为预期风险收益不同的子份额，并可将其中部分或全部类别份额上市交易的结构化证券投资基金。其中，分级基金的基础份额被称为母基金份额，预期风险、收益较低的子份额被称为 A 类份额，预期风险、收益较高的子份额被称为 B 类份额。由于法规约束，现已不允许基金公司新发行分级指数基金，存续分级基金也必须按要求清盘或者转型，因此不再赘述。

## 选择心仪的产品

基本知识点都已介绍，那么面对不同的指数基金，投资者应该怎么选呢？

## 选择适合自己的标的指数

投资者要选择适合自己的标的指数。新手最喜欢尝试的指数便是沪深300指数。首先，沪深300指数是当前最能反映A股市场整体走势的典型指数之一，市值覆盖度广、市场认可度极高。沪深300指数总市值合计33万亿元，占全部A股总市值的60%，53%的主动权益基金选取沪深300指数作为基金业绩比较基准，可见其在A股市场的代表性地位和市场认可度。其次，沪深300指数包括300只“龙头股”，而当前经济增速放缓，龙头策略相当有效。沪深300指数将大盘“蓝筹股”[①]尽入囊中，典型的大市值成分股为各主流行业的龙头企业的股票，如贵州茅台、美的集团、格力电器、恒瑞医药等。再次，沪深300指数的成分股的流动性较好。最后，与其他宽基指数相比，沪深300指数的波动率较小。因此，只要长期看好中国经济，配置沪深300指数基金是相对省心、简单、稳健和有效的投资方式。沪深300指数最能代表A股市场走势，因此长期持有沪深300指数基金就可能获得较好的收益。并且，在经济增速放缓的时期，龙头风格[②]相对占优，沪深300指数投资龙头股票的特点也保障了其相对收益的稳定性。投资者也可以参考一些散户牛人或机构投资者的偏好来选指数标的，我们会在下一章详述各类人群的产品偏好，供大家参考。成熟投资者也可以根据自己的判断，选择各种行业和主题指数基金。

## 选择适合自己的产品和交易方式

投资者要选择适合自己的产品和交易方式。普通指数基金和

① 蓝筹股，指经营业绩较好，具有稳定且较高现金股利支付的公司股票。

② 龙头风格，指以投资龙头股为主的风格。

ETF追求的是跟踪精准，而高效的系统以及完善的人员配置有助于大大提高效率，因此基金公司的整体实力就很重要。衡量基金公司整体实力的最常见指标就是旗下管理的资产总规模，因为基金公司的主营收入一般是管理费，而管理费跟其管理的资产规模是成正比的。跟其他行业一样，收入越高的公司自然设备和技术越先进，人才配置越高。但如果要选择指数增强基金的话，投资者还需要额外关注基金的管理团队，分析其投资能力，确认能为自己带来“增强”。

普通指数基金、ETF和指数增强基金各有优劣势，上文已经有所提及，大家只需根据自己的偏好选择对应类型的指数基金即可。比如，某投资老手特别认可某基金公司的投研实力，那他可能会选择该公司的指数增强基金。又比如，某投资新手还没有股票交易账号，对投资也不太懂，那普通指数基金可能更适合他。

### 选择有费率优势的产品

投资者要选择有费率优势的产品。在投资过程中，用户实际获得的收益是要扣除成本的，因此成本越低，收益当然越高，所以挑选费率低的产品是明智之举。

同样的指数基金，不同的基金公司，费率会有所不同，所以投资者在投资相同类型的指数基金时，最好选择综合费率最低的基金。此外，比如有些指数基金后面带有A或者C，A类是指该基金要收申购赎回费，但不收销售服务费，C类是指该基金不收申购赎回费，但要收销售服务费。由于申购赎回费是一次性收取的，但销售服务费是按天计提的，所以短期投资选C类更合适，长期投资选A类更合适。毕竟A类是你在买的时候就一次性收完费了，而且持有期越长，赎回费也越低，所以适合长期投资。但C类是你持有多少天，就收取多少天的销售服务费，而且一般满7天就不收取赎回费了，所以适合短期投资。长期和短期怎么区分？一般是建议大家算一下哪个份额更便宜，如果不愿意计算也可以简单按照1年来划分，持有期在1年以内建议买C类。

### 看跟踪误差

投资者还要看跟踪误差。跟踪误差是用来衡量指数基金收益率与标的指数收益率之间偏差的指标，跟踪误差越大，说明基金的净值收益率与标的指数收益率之间的差异越大。现在很多平台都会直接呈现指数基金的跟踪误差供投资者参考，十分方便。同样类型的产品，要优先选择跟踪误差小的基金。

## 指数基金投资攻略

### 新手和忙碌的上班族宜定投

对于权益投资的投资新手或忙碌的上班族而言，指数基金的规则简单、清晰，容易操作，不用花过多的时间去挑选个股、盯大盘，就可分享市场平均收益。如果投资者认为自己无法确定什么时候买和什么时候卖，可以选择“在市场相对低点定投，适时止盈”的策略来帮助自己落袋为安。安心工作之余，轻松让自己的资产实现增值。

### 专业投资者长投、短炒总相宜

指数基金不仅适用于权益投资的投资新手，也适用于专业投资者。具备一定择时能力的投资者借助低成本的指数基金既可以通过波段操作来抓住短期市场行情，也可以通过轮动来抓住不同板块的行情。专业投资者在有较大信心可以判断准确行情时，也可以选择在市场底部区域买入持有，逢高卖出。对于专业投资者来说，指数基金是最便宜、快捷、好用的工具，长投、短炒总相宜。

## 配置型投资者宜组合和策略都试试

对于机构投资者而言，指数基金可回溯、可分析，费率低廉，具有很好的配置价值。对于有一定投资经验但还不专业的投资者来说，除了定投，还可以试试组合投资、策略投资。没有深入研究也没关系，现在国内很多基金公司和基金销售服务机构都推出了在线投顾业务，有些是通过提供一个组合好的产品，有些是提供一些咨询服务，帮助投资者解决“买什么”和“什么时候买”的困惑。

指数基金在国外基础市场波动相对较小，赚钱效应明显，以标普500指数为例，近10年来涨幅为150%。国内由于基础市场波动大，指数基金呈现高波动的状态，以沪深300指数为例，近10年（2008-10-1至2018-9-30）收益率为53%，而近13年（2005-10-1至2018-9-30）收益率则为275%，同期标普500指数收益率为137%。长期来看，国内指数也是涨幅可观，只是每一年的涨跌幅都较大。沪深300指数2017年涨幅为22%，2018年跌幅为19%。指数是市场的平均数，连平均数都是如此波动，个股的涨跌幅之大可想而知。指数基金在高波动的市场环境下，“什么时候买”就成了关键问题。在市场底部区域布局为最优选择，不了解何时是市场底部，定投则为明智之举。

# 第八章　定投：一招解决择时难题

## 基金定投是什么

常见的基金定投方式分为定期定额定投和定期不定额定投，也就是按照每期的投资金额是否固定来分类。其中，最简单的是定期定额定投，也称普通定投，即在固定的时间、以固定的金额投资指数基金。这种定投的优点是非常省心，每期金额一致，便于提前留足资金，相对容易坚持。另一种是定期不定额定投，虽然固定时间，但金额不固定，根据市场的涨跌，以特定的模型来改变，力求在市场高位时少投，市场低位时多投。

华尔街流传着一句话："要在市场中准确地踩点入市，比在空中接住一把飞刀更难。"如果采取分批买入法，就弥补了只选择一个时间点买入和卖出的缺陷，均摊成本，使自己在投资中立于不败之地。而定投最大的好处就是可以分批进场、摊平投资成本，分散可能在高点进场的风险，再在相对高点落袋为安，以达到"低买高卖"的效果，破解回报困局。

## 指数基金的定投优势

由于定投采取的是分批进场的方式，所以投资者只需要大致判定市场处于较低位即可买入，解决了投资者的择时问题，降低投资者由于择时错误带来的投资风险，比如追涨杀跌带来的风险。显然定投不是一种寻求收益最大化的投资方式，而指数基金也不是为了超越市场，而是复制市场，获取市场的平均收益，对投资者的选股能力要求不高，因此定投与指数基金更搭配。

而且指数基金对基金经理的主动管理能力依赖程度较低，十分透明，定投指数基金不用担心基金会风格漂移。而且定投也不需要再时刻分析基金的风格、持仓情况等指标，简单、省心。

因为定投是分批入场的投资方式，需要购买多次，所以选择费率低廉的指数基金可以省下更多的投资费用。

**延伸阅读 8.1**

**基金定投：分析方法与理论基础**

证券投资基金除了分红外，主要依靠基金净值的增长获利。因此申购和赎回基金时的基金单位净值决定了投资者能否获利以及获利的多少。如果申购时机不佳，基金运作处于市场较高点，且基金单位净值较高，基金净值增长乏力，投资者往往难以获利。定投则通过不断分批申购，使首次申购或某一次申购的重要性大大降低。投资成本从单一时点变为长期平均成本，降低了基金申购时的择时风险。这也是我们常说的基金定投规避了择时难的问题的原因。在定投的实践中，当基金单位净值下跌时，虽然已投资部分的市场价值下跌了，但由于新增投资的成本也下降了，因此总投资成本也不断下降。而当市场回升时，基金单位净值提升，只要超过平均成本投资者便可以获利。

基金定投的单笔投资成本计算公式是一个调和平均数，而调和平均数在均值不等式里是最小的（调和平均数不超过几何平均数，几何平均数不超过算术平均数，算术平均数不超过平方平均数）。这是它降低平均投资成本，达到降低择时风险的原因所在。

表 8.1 与图 8.1 是定投降低投资成本的范例，在该范例中，基金单位净值先下降后回升。在下降的过程中，由于每期单位投资成本降低了，可获得的基金份额数增加了，平均后的单位成本随之不断下降。而在基金单位净值回升过程中，由于已有多期投资，新增的投资占比越来越小，虽然基金单位净值提升了，然而整体投资成本的增加并不明显。因此，在基金单位净值上升的过程中，基金单位净值与平均投资成本差距越来越大，投资收益也越来越高。在该范例中，我们从基金单位净值为 1.000 元起投资，基金单位净值最低曾跌至 0.700 元，然而在单位净值回升至 0.910 元时，便已经实现赢利。

定投由于固定投资金额，在基金单位净值增高时，购买的份额数量就减少了，在基金单位净值降低时，购买的份额数量就增加了，定投特有的“高时少买、低时多买”的优势，能够起到降低单位基金份额购买成本的作用。

（资料来源：华泰证券林晓明。）

表 3.1 定投降低投资成本的范例

| 时期 | 单位净值（元） | 当期投资份额（份） | 持有份额（份） | 累积投入资金（元） | 平均成本（元） | 累积收益（元） | 累积收益率（%） |
|---|---|---|---|---|---|---|---|
| 1 | 1.000 | 1 000.00 | 1 000.00 | 1 000 | 1.000 | 0.00 | 0.00 |
| 2 | 0.960 | 1 041.67 | 2 041.67 | 2 000 | 0.980 | -40.00 | -2.00 |

（续表）

| 时期 | 单位净值（元） | 当期投资份额（份） | 持有份额（份） | 累积投入资金（元） | 平均成本（元） | 累积收益（元） | 累积收益率（%） |
|---|---|---|---|---|---|---|---|
| 3 | 0.930 | 1 075.27 | 3 116.94 | 3 000 | 0.962 | －101.25 | －3.37 |
| 4 | 0.850 | 1 176.47 | 4 293.41 | 4 000 | 0.932 | －350.60 | －8.77 |
| 5 | 0.700 | 1 428.57 | 5 721.98 | 5 000 | 0.874 | －994.62 | －19.89 |
| 6 | 0.820 | 1 219.51 | 6 941.49 | 6 000 | 0.864 | －307.98 | －5.13 |
| 7 | 0.850 | 1 176.47 | 8 117.96 | 7 000 | 0.862 | －99.73 | －1.42 |
| 8 | 0.910 | 1 098.90 | 9 216.86 | 8 000 | 0.868 | 387.34 | 4.84 |
| 9 | 0.950 | 1 052.63 | 10 269.49 | 9 000 | 0.876 | 756.02 | 8.40 |
| 10 | 1.000 | 1 000.00 | 11 269.49 | 10 000 | 0.887 | 1 269.49 | 12.69 |

资料来源：华泰证券研究所。

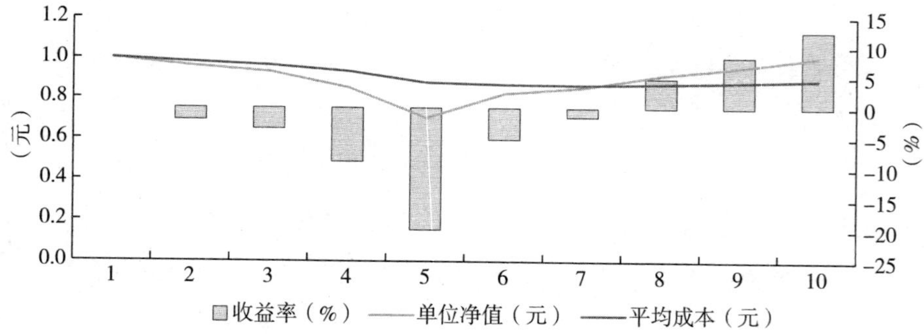


图 8.1　定投降低投资成本的范例

资料来源：华泰证券研究所。

## 定投原理：画出“微笑曲线”

基金定投作为一种简单易理解的投资方式，在 20 年前就得到一批投资者的青睐，但遗憾的是能在定投计划中坚持下来并获利的投资者却不多。

对于普通定投（即定期定额投资）的投资逻辑，此处利用图8.2所示的上证综指日收盘价与250日均线的对比来进行说明。假如你对一只基金进行日定投，期限是1年，你到底赚不赚钱呢？答案是不一定，这取决于你的持仓成本和基金当前的价格谁更高。当你坚持到1年的时候，你的持仓成本恰好约等于250日平均值（实际上定投的持仓成本是调和平均数，比算术平均数还要小）。因此，如果当时基金价格在它的年线（250日均线）上，你就赚钱了。如图8.2所示，从任何时间点开始日定投上证指数，坚持1年后，基金价格在250日均线上方的那些样本是赚钱的，很直观，这也是定投背后朴实的算术逻辑。

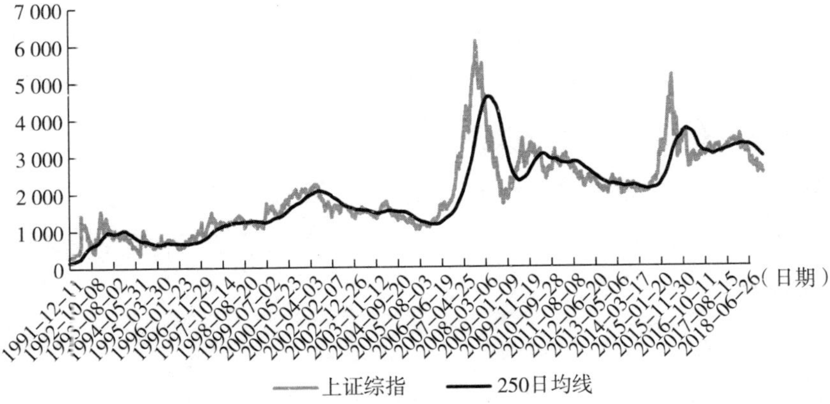


图8.2　上证综指日收盘价与250日均线对比

资料来源：万得资讯。

所以，基金定投时什么时候能赚钱？就是基金的价格K线上穿价格均线（即定投成本线）的时候。而伴随着定投期限拉长，成本的变化就变得很缓慢。但是基金的价格依然在非常灵动地变化，因此面对一个相对静态的成本变化，投资者可以等待基金价格 K 线上穿定投成本线实现赢利。尤其当遇到股市上行大波段，此时的收益非常可观。所以大家经常听到的“微笑曲线”刻画的就是通过定投赚钱的一个动态过程，即在市场下行波段定投获取筹码，在市场上行的大波段赚钱。股市行情是一个笑脸形状，定投收益率曲线也是一个笑脸形状。

## 初阶定投三招式

第一招，先挑选合适的定投品种，高成长性、高弹性的指数基金更适合定投。大家还记不记得 Fama-French 三因子模型的另外两个 β“兄弟”？一个是价值股，一个是小盘股。长期来看，小市值股票会比大市值股票具有更高的超额收益，而波动率越大，指数价格的波动越剧烈，指数的弹性越高，因此定投选择高成长性、高弹性的指数基金绝对是明智之举。

第二招，确定定投的周期，可以选择周定投、双周定投或者月定投。周期对收益的影响不是特别大，定投最关键还是要坚持，所以在这个问题上不用过于纠结，只需要根据自己的资金流情况简单判断即可。

第三招，确定定投的金额。如果定投的目标是希望若干年后可以拿出一定的金额，那就可以根据自己的目标来反推出自己每次需要投入多少钱即可。如果只是单纯利用部分闲钱来投资，那一定要计算清楚自己的闲钱是多少！因为定投是需要长期坚持的，所以一定要先满足了自己的生活需求并留下部分钱以备不时之需，剩下的钱才能用来投资。

**延伸阅读 8.2**

## 基金定投：分析方法与理论基础

### 模拟实验

净值波动较大的基金更适合定投。表 8.2 中两只基金的单位净值均从 1.000 元涨至 1.500 元，单位净值平均值相同（均为 1.245 元）。但基金 1 的单位净值波动较大，其单位净值标准差为 0.479，基金 2 的单位净值标准差为 0.246。如图 8.3 所示，基金 1 的平均成本在净值大幅波动中下降更快，购买的总份额更多，整个 30 期的定投总收益率更大。

定投在基金单位净值上涨的时候获得的份额数量少，在单位净值下跌的时候获得的份额数量多的特点，在大幅波动中能够更好地降低投资成本。

表 8.2　相同投资成本而波动率不同的两只基金定投收益对比

| 项目 | 基金 1 | 基金 2 |
| --- | --- | --- |
| 期初单位净值（元） | 1.000 | 1.000 |
| 期末单位净值（元） | 1.500 | 1.500 |
| 单位净值平均值（元） | 1.245 | 1.245 |
| 单位净值标准差 | 0.479 | 0.246 |

资料来源：华泰证券研究所。

### 理论推导

“波动较大的基金更适合定投”可能让人难以理解，它可以通过公式推导来证明。假定定投每次投入一个单位，第 $T$ 期投入的单位成本为 $NA\ V_t$，$i=1$，2，3，……$T$，那么截止到最后一次投入的时点，投入的单位的平均成本是 $\frac{T}{\sum_{t=1}^{T}\frac{1}{NA\ V_t}}$，而获得的单位回报

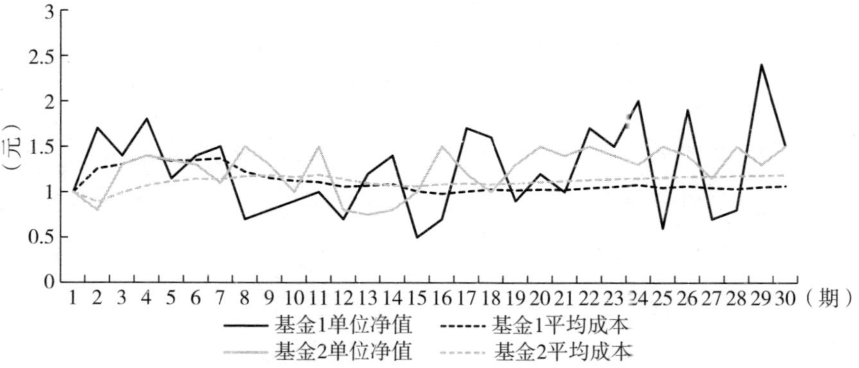


图8.3　相同投资成本而波动率不同的两只基金单位净值与平均成本对比
资料来源：华泰证券研究所。

是 $NAV_T$，投入的总份数 $\sum_{t=1}^{T}\frac{1}{NAV_t}$，可以进一步展开为 $\frac{T+\sum_{m=1,m\neq n}^{T}\sum_{n=1}^{T}\frac{NAV_n}{NAV_m}}{\sum_{t=1}^{T}NAV_t}$，在 $T$ 和投资平均成本一定的情况下，总份数的多少取决于 $\sum_{m=1,m\neq n}^{T}\sum_{n=1}^{T}\frac{NAV_n}{NAV_m}$ 的多少，$\sum_{m=1,m\neq n}^{T}\sum_{n=1}^{T}\frac{NAV_n}{NAV_m}$ 共有 $T\cdot(T-1)$ 项份数相加，可以拆为 $\frac{T\cdot(T-1)}{2}$ 对 $\frac{NAV_n}{NAV_m}+\frac{NAV_m}{NAV_n}$ 相加，而 $\frac{NAV_n}{NAV_m}+\frac{NAV_m}{NAV_n}$ 可以写成 $\frac{(NAV_n-NAV_m)^2}{NAV_n\cdot NAV_m}+2$。在平均净值相同的情况下，$NAV_n$ 与 $NAV_m$ 相差越大，分子的平方项越大，分母的乘积项越多，总份数越多，因此可以推出，在购买平均净值一样的情况下，净值波动较大的基金定投收益更高。

（资料来源：华泰证券林晓明。）

# 高阶定投

## 止盈定投

定投采用的是分批入场的方式，帮助大家解决了“什么时候买”的问题。那“什么时候卖”呢？股市里流传着一句话，“会买的是徒弟，会卖的才是师傅”，足见“会卖”的重要性。但往往牛市来了以后，谁又舍得卖呢，万一卖早了，岂不是“肠子都悔青了”！但投资本来就是反人性的，考虑到选择定投的初衷，就是规避择时错误带来的损失，它并不是一种获得最大收益的方式，所以不要追求卖在最高点，只要达到自己的预期目标即可卖掉，做到适时止盈。

那预期目标怎么定呢？指数清晰透明、活力长青的优势又体现出来了，通过回测历史数据，大致可以确定达到某一收益率需要的时间。比如我计划定投该指数基金 10 年，通过回测过去 10 年该指数的表现，发现收益率可以达到 100%，那止盈目标就可以设置在 100% 左右。看上去是不是有点复杂？不用担心，现在很多基金销售平台以及基金公司直销平台都提供了止盈功能，一键点击即可了解所有信息，投资者只需要理解背后的逻辑即可，不需要自己计算，也不用担心自己算错了。

**| 延伸阅读 8.3 |**

**怎么理解指数基金定投止盈？**

基金定投什么时候赚钱？基金的价格 K 线上穿价格均线（即定投成本线）的时候。反之，如果指数 K 线下穿价格均线，则会亏钱。所以从理论上来看，基金定投最好还是要及时止盈，否则伴随着股市的周期波动，“胜利果实”很可能不保。

从理论上看，指数基金定投时间是有最优解的，以沪深 300 指数基金为例，从任何一个交易日开始周定投，统计定投不同期限的年化收益率，我们发现定投时长在 9 个月到 2 年较优，如图 8.4 所示。

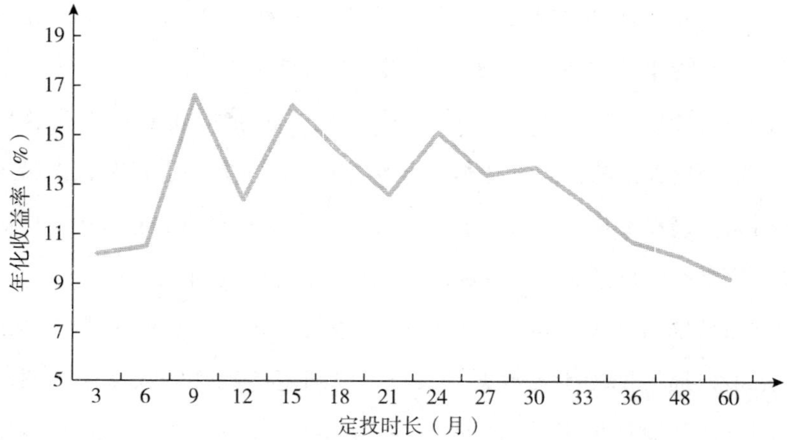


图 8.4　不同定投期限下年化收益率

资料来源：万得资讯。

再看一组对比，根据万得资讯的数据，依然是以沪深 300 指数基金做周定投，我们发现在 1 年内一旦达到累计收益率为 6% 的目标就止盈，实现的概率是 89%，此时的年化收益率高于 12%，而定投满一整年，累计收益率为 6% 的概率只有 50%，此时的实际年化收益率为 12%。

（资料来源：天弘基金。）

### 低估值定投

从中长期看，价格围绕价值中枢回归是经济学规律。对应地，在指数投资中，也有估值围绕中长期估值中枢回归的规律。为什么会这样？指数估值反映的是投资者情绪，而投资者情绪的极端波动在中长期内终会平复，指数的价格也向价值回归。这就好比一个人，在一生中总会经历高潮和低谷，对应的情绪也会有波动，但是不可能三五十年都特别亢奋，也不可能三五十年都特别低落，大部分时候都是平淡地过日子。

因此，对于普通投资者来说，纵使短期市场有太多的不确定性，但是从中长期来看，可以相对确定的就是估值的均值回归。以时间换空间，在不确定性中寻找相对确定性，赚取市场恐慌时错误定价的钱，这就是指数基金低估值定投策略的主旨了。前文提到的 ETF 拯救世界，正是低估值定投策略的坚定拥护者和践行者。

天弘基金也在指数低估值定投上做了深入研究和探索，并于 2016 年基于天弘沪深 300 指数基金推出“低估时加仓多投、高位自动止盈”的策略定投，这属于定期不定额的定投模式，最高定投金额是最低定投金额的 3 倍，具体的计算规则是完全清晰透明的。不过，看不懂的投资者不需要关注细节，只需要了解理念即可，而希望了解清楚的投资者可以点击“解释”按钮查看数学公式。

长期来看，低估值定投策略确实取得了不错的历史回溯收益。在 2009 年 4 月至 2017 年 12 月，沪深 300 指数基金的低估值定投策略（周定投）的年化收益率高达 16%，比定期定额的普通定投策略（周定投）的年化收益率要高出 9%。

**| 延伸阅读 8.4 |**

**定投在指数基金“抄底”上的应用**

研究结果表明，低估值定投策略不仅能在单只指数基金（如宽基指数基金）的长期投资上取得较优的风险调整后回报，还能系统地应用于一系列行业、主题指数基金的投资上，进而解决“什么时候买”“买什么”“买多少”“什么时候卖”的问题。

在此，我们仅简单分享定投在单只指数基金“抄底”上的案例。以大盘指数（上证综指）的指数基金为例，回测区间为2008年1月1日至2018年10月10日。我们首先计算指数每日的估值分位数（整体法的PE_TTM）。然后，将估值分位数按照0%~10%，11%~20%，21%~30%……91%~100%分成10个区间，并以移动20日均值进行平滑。最后测算在不同的买入区间和卖出区间下，分别能获得的收益，结果如表8.3所示，不同的低估场景下定投只要在相对高估时果断卖出均能获得不错的收益。

表8.3 不同分位定投买入和止盈卖出时的场景分析

| 定投买入时的估值分档 | 止盈卖出时的估值分档 | 区间定投合并年化收益率（%） |
|---|---|---|
| 0%~10% | 5 | 12.5 |
| | 6 | 15.8 |
| | 7 | 18.9 |
| | 8 | 3.1 |
| | 9 | -0.3 |
| 11%~20% | 5 | 9.6 |
| | 6 | 12.7 |
| | 7 | 15.3 |
| | 8 | 2.8 |
| | 9 | -0.3 |
| 21%~30% | 5 | 7.9 |
| | 6 | 10.9 |
| | 7 | 13.4 |
| | 8 | 2.7 |
| | 9 | -0.3 |

（续表）

| 定投买入时的估值分档 | 止盈卖出时的估值分档 | 区间定投合并年化收益率（%） |
|---|---|---|
| 31%～40% | 5 | 6.4 |
| | 6 | 9.2 |
| | 7 | 11.6 |
| | 8 | 2.7 |
| | 9 | -0.3 |
| 41%～50% | 5 | 7.7 |
| | 6 | 10.2 |
| | 7 | 7.0 |
| | 8 | 2.7 |
| | 9 | -0.3 |

其中，区间定投合并年化收益率的计算方法为：把几个定投区间的累计收益率拼接起来，按照复利方式累计其收益率，按照245/总交易日数，进行折算。而某个定投区间的累计收益率为：

某个定投区间的累计收益率＝期末总资金/定投投入的总资金－1

此外，对表8.3进行研究发现，上证综指在过去10年间，最优投资场景为在估值分位数为20%以下持续周定投，并一直持有，直到某日估值首次超过70%分位数时全部卖出，这个策略的净值曲线如图8.5所示，它比一直买入并持有的收益率高。

（资料来源：天弘基金。）

## 谨记定投心法

定投指数基金的“内功心法”是什么呢？那就是“开始有信心，中途要耐心，最后要狠心，结果会开心”。

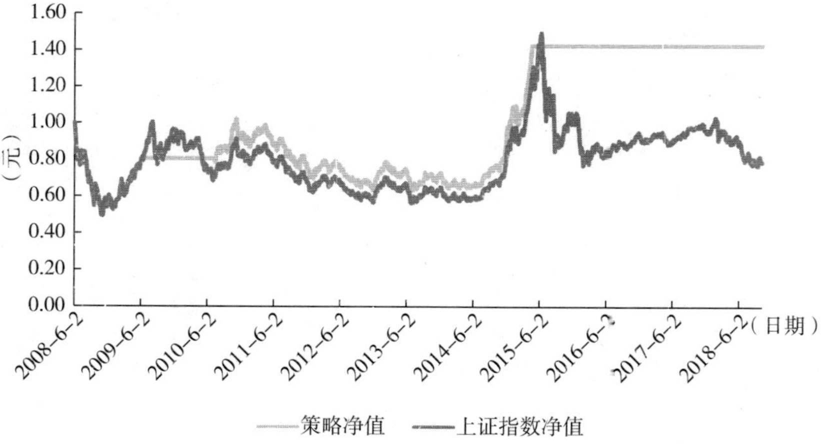


图 8.5　最优投资场景下的策略净值曲线

注：

1. 采用上证指数的价格指数而非全收益指数，不包括分红等收益。
2. 风险提示：该测算结果的稳健性较差。
3. 该测算基于历史数据，不代表未来，不构成具体投资建议。
4. 如果整体业绩大幅度低于预期或者由于其他因素，该历史规律有可能被打破。

资料来源：天弘基金。

开启定投较好的时机是市场处于低位时，但往往这个时候市场情绪也是最差的，所以一定要坚定信心。正如巴菲特所说的“在别人恐惧时贪婪，在别人贪婪时恐惧”。开始定投后一定要耐心坚持，不要惧怕前期亏损。定投是一个长期的事情，除非达到预期收益率，否则需要一直坚持下去。当然，一旦达到自己的预期收益率，一定要狠心卖掉。正所谓，定投止盈不止损，不奢求卖在最高点，只要达成目标收益率即可。当所有这一切你都体验过后，那么结果自然不会让你失望。

# 第九章　在线投顾：投资锦囊妙计

## 解决“回报困局”的妙招

中国的许多基金投资者都面临“回报困局”：市场中的基金是赚钱的，但自己是亏钱的。投资者获得的真实投资回报与基金投资业绩之间存在明显的差异。

据中国基金业协会统计，公募基金成立20年，偏股型基金平均年化收益率为16.18%，超出同期上证综指平均涨幅8.5个百分点，比上证综指高1倍。这个数据很不错，可大部分投资者连6.18%的年化收益率都没赚到，更有大批投资者是亏钱的。

再举一个例子，大家也许会认为牛市应该是投资者的好机遇，但是现实恰恰相反。根据万得资讯的数据，2015年全市场99%的偏股混合型基金是赚钱的，但是大部分投资者都是亏钱的。为什么呢？我们用图9.1、表9.1来揭示谜底。图9.1标注了A股成立以来的四段牛市、大盘指数区间涨幅和每段牛市的间隔时间。

表9.1统计了大部分投资者在第2次到第4次牛市里开始投资的时间，大多在牛市后半段。市场底部区域时，基金是很不受欢迎的，大多数投资者都会担心还会再跌，想等上涨趋势确定了再买。

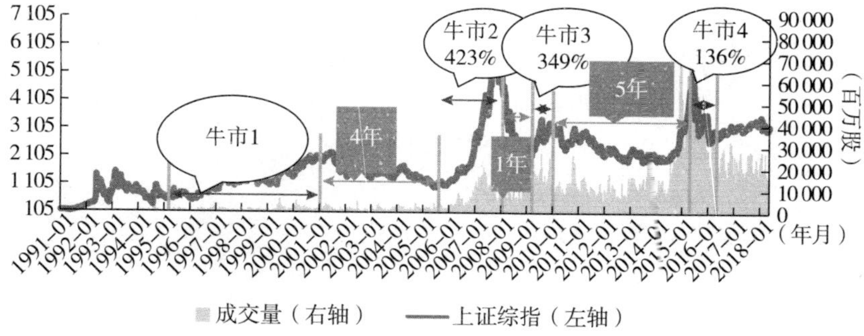


图 9.1　A 股市场成立以来四轮典型牛市

资料来源：万得资讯。

想法是好的，却很难实现。投资者往往发现当股市上涨到自己有信心时，也已经到了牛市后半段。所以即便牛市来了，投资者可能还是没赚到钱。

表 9.1　A 股最近三轮牛市成交量峰值时点及此时市场涨幅

| 标注 | 牛市开始时点 | 牛市结束时点 | 成交量峰值发生日期 | 此时涨幅占整段牛市涨幅比例（%） |
|---|---|---|---|---|
| 牛市 2 | 2005 年 6 月 | 2007 年 10 月 | 2007 年 5 月 9 日 | 66 |
| 牛市 3 | 2008 年 10 月 | 2009 年 8 月 | 2009 年 7 月 29 日 | 87 |
| 牛市 4 | 2014 年 7 月 | 2015 年 6 月 | 2015 年 4 月 20 日 | 78 |

资料来源：万得资讯。

为了解决如何挑选适合的基金、如何在相对正确的时点买卖的问题，基金在线投顾业务应运而生。如图 9.2 所示，基金在线投顾，即基于基金产品，运用组合策略等方式，借助电商技术和大数据技术等新技术，将投顾服务模式化、产品化，并提供良好的在线用户体验。它要么给投资者一些有针对性的投资建议，如什么时候买卖，要么把这个建议嵌入系统里，做成一个产品，投资者购买了这个产品，就可以根据在线投顾建议的规则去操作。

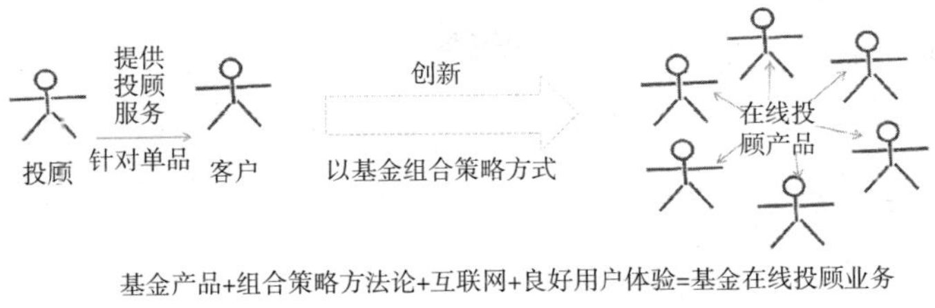


图 9.2　基金在线投顾业务

## 指数基金的高阶“玩法”

纵观国内外在线投顾业务，指数基金应用非常广泛，绝大多数投顾服务选用的权益方向投资工具均为指数基金。指数基金之所以能在在线投顾业务中被重用，是因为以下几个方面。首先，它对于互联网投资者来说易于理解。其次，它的风险收益特征可测且相对稳定，历史业绩可回溯、可分析，作为金融工具非常易于组合和策略的开发和再创造。再次，它的费率低，用其构建组合和策略过程中的摩擦成本小。最后，它提供了充分分散后的平均收益，因此能稳定贡献 β 收益。这个 β 收益，就是投资者应该拿到的收益，是“一篮子”股票收益的平均值，跟运气无关。而对于普通投资者来说，如果不满足定投这种简单的办法，想要通过一定的策略和组合，博取更好的收益率，但又不想太操心，在线投顾是比较好的选择。

**| 延伸阅读 9.1 |**

**指数基金帮助老百姓获得应该获得的收益**

基金公司过去 20 年的投资业绩是 16.5% 的年化收益率，可是大多数老百姓的投资回报率是 -3%~3%，他们投资基金并没有赚到钱。指数基金的目标就是通过一种简单透明、逻辑清晰，适合互联网，成本又低的投资方式来帮助老百姓分享中国经济增长的成果。现在可能真是一个拐点，我认为有四点理由：一是，在资管新规下，大家回归到正本清源的净值型的产品；二是，投资者的数字化转型，他们主要在线上操作，这对基金投资产生了深刻的影响；三是，国际化的配置；四是，智能投顾，用机器和算法帮助投资者获得市场的投资收益。在这种情况下，指数基金是一个很好的投资工具。

（资料来源：盈米财富 CEO 肖雯。）

## 在线投顾在美国

投顾服务在美国已发展了很多年。过去在美国，传统金融机构侧重针对高净值客户提供核心投顾服务，中低净值客户往往得不到稳定的传统投顾服务，而在线投顾的兴起恰好覆盖了传统投顾服务尚未覆盖的领域。据 Wealthfront（美国一家提供在线投顾服务的公司）2018 年 10 月给美国证监会提交的报告，它们超过 99% 的客户为此前得不到稳定投顾服务的中低净值客户。

海外在线投顾服务的公司数量众多。根据中国国际金融股份有限公司统计，截至 2016 年 3 月，仅美国市场就有超过 200 家公司布局在线投顾业务，并且这一数字仍在不断攀升。传统金融机构如德意志银行（Deutsche Bank）、先锋领航集团、贝莱德等均积极投身在线投顾业务的浪潮，具体如图 9.3 所示。

与此同时，美国在线投顾业务的资产管理规模快速扩大。据金融服务业研究机构 Corporate Insight 的统计，截至 2015 年年中，仅

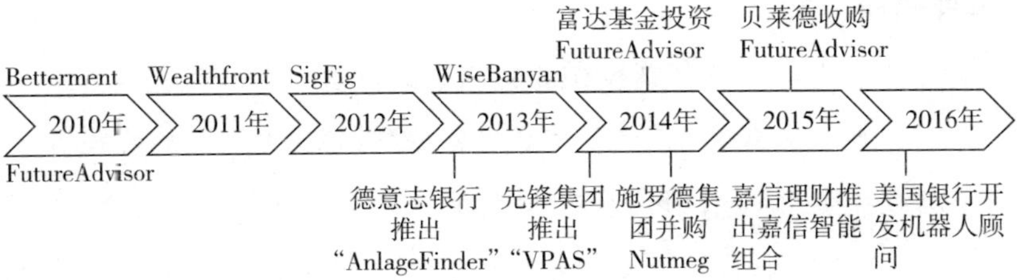


图 9.3　美国大型金融机构积极投身在线投顾浪潮

注：Betterment、Future、Advisor、Wealthfront、SigFig、WiseBanyan、Nutmeg 均为提供在线投顾服务的公司。AnlageFinder、VPAS 分别为德意志银行与先锋领航集团推出的在线投顾服务系统。

美国在线投顾公司管理的资产规模已超过 210 亿美元，年复合增长率超过 65%。近年来在线投顾业务头部公司仍处于高速增长状态，以 Wealthfront 为例，2015 年 1 月，其在线投顾账户管理规模为 18 亿美元，2016 年 2 月达 30 亿美元，2018 年 3 月达 102 亿美元，几乎是每年翻一番的速度。

## 在线投顾在中国

国内在线投顾业务相对起步较晚，但是发展态势较为良好。2012 年，基金公司在官网直销平台试水智能定投方案，受限于流量及用户体验等问题，未获得市场的广泛关注。2016 年 5 月，天弘基金和雪球合作推出“二八轮动”白盒策略，各类理财平台也纷纷跟进，“在线投顾”迅速成为理财市场上关注度较高的一个词。仅在基金销售领域，就衍生出白盒策略下的智能定投和量化策略交易业务，黑盒策略下的基金组合推介/销售服务、定制账户服务等业务类型，呈现了参与主体繁多、业务模式丰富的特征。

**| 延伸阅读9.2 |**

## 在线投顾业务兴起的背景

1. 从投资者需求角度看，客户的痛点催生在线投顾业务的兴起。

站在投资者需求的角度可以发现，许多投资者面临“回报困局”：经历几轮牛熊市，投资者获得的真实投资回报与基金投资业绩之间存在明显的差异。

对于个人客户，近年来随着互联网和移动互联网的普及，大量的新客户、年轻客户涌入了基金行业，这些客户主要的行为模式是在线交易。而对于在线交易，复杂的产品在线上不易展示清楚，所以势必是简单清晰的产品更受青睐。另外，由于这些客户相对缺乏投资经验，互联网上各种产品及其信息供给又非常多，因此客户面临选择焦虑，如何挑选适合自己的基金、如何在相对正确的时点交易基金就成了投资者在投资决策时的难题。

机构客户也有类似的问题，例如养老金、保险等一些以配置为主要需求的客户，他们的诉求与公募产品提供的定位和价值还是有一定的距离。机构客户实际上更多的是需要将公募基金提供的产品风险收益进行再组合、再创造，以适合其在业务模式和客户结构等约束条件下的投资目标。

通过分析个人客户与机构客户在投资公募基金上的痛点，可以得出一个结论：单一的基金产品、传统的基金产品开发和营销服务，乃至投资管理的模式都已不太契合当前公募基金发展新阶段的需求，可以说，正是客户的痛点催生了在线投顾业务的兴起。

2. 从行业发展角度看，在线投顾业务是在传统基金单品销售模式之上的服务提升。

这些年来，整个基金行业在不断地进行反思，基金公司也面临一些发展上的问题。

第一个方面是产品和营销。基金单品的创新空间已接近饱和。逆周期或者跨周期的营销服务难以开展。所谓逆周期，是指当基金销量高的时候，投资时机不好，而当投资时机好的时候，基金销量又不高，这个难题已困扰行业多年，且很难解决。在跨周期方面，整个行业一直希望能着眼于培养客户的长期投资理念，但收效甚微。

第二个方面是投资管理。在投资管理方面，存在的突出问题可以概括为绝对回报缺乏手段，相对回报缺乏认同。

第三个方面是运营。目前行业的运营体系、IT 体系存在的突出问题是服务自身多，服务客户少。

而在线投顾业务作为基金营销服务方式的创新，是在传统基金单品销售模式之上的服务提升，恰恰可以从一定程度上解决行业发展这三大方面的问题。

3. 从销售体系变迁角度看，技术进步使在线投顾的实现成为可能。

近年来伴随着互联网技术的快速发展与普及，在线销售逐步成了主流的基金销售方式，在线投顾在技术层面的实现也成为可能。但在线投顾的本质并不是由机器替代人工服务，很大程度上还是需要人工去定义需求，输出思想，然后借助技术手段去完成。技术在其中所起到的推动作用主要有两个方面：一方面是在投资策略上，能够比过去更加聚焦、具体、可量化、可描述、可追溯；另一方面是技术的应用使投资者的个性化需求能够得以实现。公募基金解决的是投资者的共性需求，而在线投顾业务可以给客户提供更多的个性化服务。

综上所述，在线投顾业务正是在客户的需求中被催生，并借助互联网技术，把投资策略产品化，把客户诉求聚焦化，解决单只基金不足以满足客户所有需求的问题，使投资者能够实实在在、方便有效地享受到个性化且低成本的投顾服务，同时也为整个公募基金行业的发展与创新开启了新的篇章。

（资料来源：天弘基金副总经理周晓明。）

## 白盒策略与黑盒策略

目前国内的基金在线投顾服务有两种，一种是有形的，叫“投顾服务产品化”。它是产品化的服务，可以直接购买，通过简单、清晰、透明的互联网产品呈现，给投资者持续提供基金投资解决方案。投资者开通这项服务后，它便可以帮助投资者解决在烦琐投资决策过程中面临的困扰，比较适合想省心、省力的投资者。

另一种是嵌入在交易流程里面的，是无形的、润物细无声的，叫“交易流程投顾化”，提供辅助用户交易决策、交易的关键信息，助推投资者迈出交易的“最后一步”。比较适合喜欢自己做主的投资者，在听取专业建议的同时，也会自己操作。

无形的服务只是建议，所以很难被觉察。在此我们着重介绍有形的在线投顾服务。它分成两种：一种叫白盒策略，一种叫黑盒策略。顾名思义，白盒策略就是投资策略透明、清晰，投资者只要认可这种投资策略，之后就可以按照约定好的方式下单、调仓，“一键跟投”非常省心。

黑盒策略是指只确定投资方向，具体的动作要根据具体市场情况来决策。投资者要是认可这个投资方向，投资经理每次调仓时会告诉投资者怎么调，投资者自己决定是否调仓。这个黑盒策略不如白盒策略那样省心，毕竟有部分投资经理会认为投资是一件复杂的事，透露太多怕被别人抄袭导致策略不奏效，所以调仓规则和原因投资者是不知道的。

总结一下，白盒策略是指利用市场上公开的信息以及清晰透明的投资逻辑来实现的基金组合投资策略。黑盒策略是指非公开透明的基金组合投资策略，其主要依赖于组合提供方自身的投研能力或信息等优势，具有不可复制性。

国外在线投顾业务模式相对单一。只有黑盒策略，主流模式是通过风险测评问卷鉴定投资者的风险类型，向投资者提供适合其风险承受能力的账户管理服务——根据市场环境的变化，对组合持仓进行定期和不定期调整。而国内的在线投顾业务形式则更丰富，出现许多规则清晰透明、便于投资者理解的白盒策略。

在国内，白盒策略的创新意义非常大，相对黑盒策略而言，其在中国的法律框架下创造了更优的投资者操作体验和认知体验，技术实现的复杂度也更低。首先，在投资者操作体验上，白盒策略在调仓时无须投资者再确认，一键跟投，省心便捷。其次，在策略认知理解层面，白盒策略因为规则清晰，有真实的长期历史业绩，投资者可以放心购买。白盒策略依照既定的已达成共识的策略规则去回测历史业绩，便于用户更全面理解其风险收益特征、收益/风险来源、适用的市场环境等。而黑盒策略只能向投资者展示该组合正式上线后的真实调仓业绩，不能展示过往的模拟业绩，需要等黑盒策略积累较长时间的调仓记录和真实业绩后，投资者才能更真切地对黑盒策略的组合绩效进行科学评价。

## 白盒策略与指数基金应用案例

### 白盒策略的构建思想——五个收益来源

白盒策略前文已经介绍了，它是以投资者认可的清晰明确的规则帮助投资者交易，那显然以指数基金作为最主要的工具池是更合理的。如果以主动基金主导，会出现两方面的困难：一方面，主动基金基金经理变化、风格飘移，所以在研究策略时很难制定出清晰明确的规则；另一方面，即使主动基金风格在规则被制定之前一直很稳定，但在规则被制定后，基金经理变化或者风格飘移，那么投资者怎么办呢？

所以，指数基金就成了白盒策略最主要的工具池，尤其是权益方向基金池选择的基本都是指数基金。

在探讨指数基金在白盒策略上的应用前，有必要先对白盒策略的收益来源进行拆解。总体来看，有五个来源，就好像洋葱一样，可以一层一层剥开来看。洋葱的表皮是“大类资产配置”，也就是投资者到底是买股票基金、债券基金，还是买货币基金，这是最高级别的收益来源贡献。剥开表皮之后，就看到了大类资产的内部了，它由不同风格的股票构成，比如投资者买股票基金的话，他是买大盘股好还是买小盘股好呢？这叫“风格轮动”。剥到第三层，会发现股票有不同的行业，比如银行股、计算机股，那么买哪个行业的股票好呢？这叫“行业比较”。剥开第四层也是最里面那层，就是单只基金了，对于某只基金，什么时候买？什么时候卖呢？这叫“个基交易”。最后，剥完之后，可以把洋葱皮再切碎，重新拼起来，这时候就可以拼出不一样的形状，比如拼出正方体而不是球体，这就是收益的第五个来源，将基金组合出聪明贝塔因子。

目前市场上的主流——白盒策略，无不是从这五个层次去构建的。下面将从这五个方向各选一个典型策略进行简单的案例分析。

## 大类资产配置——天弘基金的“均衡篮子”

第一层“大类资产配置”旨在帮助用户一键解决资产配置的问

题。它的调仓规则非常简单，主要是先制定一个股票、债券、货币资产之间的初始配比，如果某类资产涨多了导致比例失衡就自动调回来。比如天弘基金推出的“均衡篮子”，它只配置了股票资产和债券资产，初始配比是2∶8。这个策略目前使用了天弘中证500指数基金和天弘永利债基分别表征股票资产和债券资产。每个交易日收盘后系统会自动检查投资者的持仓，如果中证500指数基金的市值占这个策略总市值的比例小于15%或者高于25%，就都会在当日进行约定转换，使得股票资产和债券资产的配比恢复到2∶8。从2015年1月26日至2018年11月11日，这个策略取得了10.04%的收益率。

这个规则看似简单，却蕴藏着深刻原理。投资者需要做大类资产配置，从长期来看，股票的回报率是要高于债券的，但对于大多数投资者来说，一定要配置一定比例的债券资产。因为债券和股票的相关度较低，加入债券资产，可以使组合的风险收益比得到有效的提升，体现资产配置的优势。而且股票的波动性远远大于债券，大部分投资者对于波动的承受能力没有那么强，股票波动的幅度和周期可能超出他们的心理承受能力，最后很可能使他们在股市的底部放弃投资退出市场，造成不可弥补的亏损，使波动成为实实在在的风险。而适当的债券资产配比能使整个组合的波动降到让投资者舒适的水平。根据科学的历史数据测算，“股债二八”的战略配比对稳健型的投资者而言是相当不错的。

**┃延伸阅读9.3┃**

### 多资产配置投资进阶实践

1986年，格雷·布林森（Gary Brinson）、兰道夫·胡德（Randolph Hood），以及吉尔伯特·比鲍尔（Gilbert Beebower）首次从归

因分析的角度检查了91只大型养老金在1974年至1983年的业绩表现，试图找到决定组合绩效的关键因子。研究结果显示，资产配置可以解释组合93.6%的业绩表现。在其后的30多年中，有不少研究人员顺着这一思路继续研究资产配置对于投资组合业绩的影响，根据选择样本期间、研究方法及市场环境的不同，得到的结论也略有不同。但学术研究及金融机构的普遍共识是，资产配置是决定组合业绩表现的最重要因素。

（资料来源：天弘基金胡超译。）

## 大类资产内部“风格轮动”——雪球与天弘推出“二八轮动”策略

第二层“风格轮动”旨在帮助投资者抓住“风格轮动”的机会，比如雪球和天弘基金合作推出的“二八轮动”策略。此处的二八与上一个案例中固定各类资产比例的含义不同，它是“风格轮动”的意思，是指股票市场中存在的“二八现象”，即20%的股票涨，80%的股票跌或不涨，大盘股和中小盘股有明显的“风格轮动”机会。

这个策略以沪深300指数基金表征大盘风格、中证500指数基金表征中小盘风格、以货币基金表征无风险资产，在每个交易日收盘后计算沪深300指数、中证500指数的涨跌幅并与20个交易日前的收盘价对比，以判断当前应该持有哪只基金，并在下一个交易日提交约定交易申请。如果沪深300指数上涨且涨幅较大，则应持有“天弘沪深300指数C”；如果中证500指数上涨且涨幅较大，则应持有“天弘中证500指数C”；如果沪深300指数和中证500指数均为下跌，则应持有“天弘弘运宝货币A”。这个策略的长期回测效果较好，抓住了历史上的每波牛市，所以从2005年2月2日到2017年8月31日，“二八轮动”策略年化收益率高达30%。

该策略背后的金融学内涵有三层。第一层是指规律层面，股市一直有大小盘“风格轮动”的特点，不论是中国还是欧美国家，只不过是不同市场里面轮动一次的时间不同，这意味着把握“风格轮动”机会就能获得相对市场指数的超额收益。第二层是指趋势策略是捕捉轮动的最简单策略。趋势策略之所以成立，是因为中国股票资产收益率遵从“尖峰厚尾”的统计分布，通俗地讲，就是“牛短熊长”，大部分时候不赚钱，一旦赚钱就是赚大钱，所以从长期来看，趋势策略通过非常一般的胜率但很高的赔率，也能让投资者获得不错的收益。根据回测结果，历史上每一个大的上升波段，这个策略都把握住了。第三层是指恰当的避险，当预判整体股市没机会时，会自动全部转换到货币基金，帮助投资者获取无风险收益。

**延伸阅读9.4**

### 中泰时钟：股市之“风格轮动”

“风格轮动”是股市的重要特征，风格属性通常有大/小盘、价值/成长、周期/非周期等。以大/小盘风格为例，A股中小板指数与代表大盘股的沪深300指数走势的相对强弱就呈现出明显的阶段性特征（见图9.4），美国股市中代表大盘股的标普500指数与代表小盘股的标普小型股600指数之间也有明显的轮动现象（见图9.5）。

不同风格板块在不同阶段的表现差异较大，而且持续的周期相对较长。因而研究“风格轮动”的规律从而把握各个阶段相对强势的风格板块是超额收益的重要来源。

（资料来源：中泰证券李迅雷。）

图 9.4　A 股大小盘“风格轮动”现象

资料来源：万得资讯，中泰证券研究所。

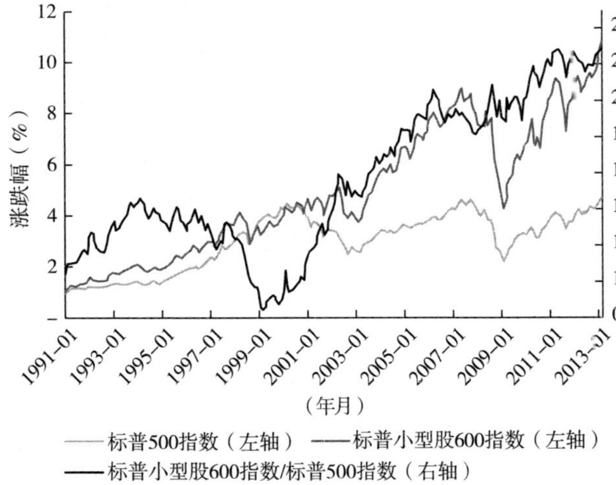


图 9.5　美国大小盘“风格轮动”现象

资料来源：万得资讯，中泰证券研究所。

## 大类资产内部“行业比较”——雪球与招商基金推出“蛋卷斗牛八仙过海’策略

第三层“行业比较”旨在帮助投资者抓住不同行业的机会。俗话说，“风水轮流转”，“三十年河东，三十年河西”。股市上不同行业的景气时间不同，适合投资的时点也不同，而这种“风水轮流转”的效应也被称为“行业轮动”。通过刻画和捕捉“行业轮动”的规律，投资者就可以轻松获利。

“蛋卷斗牛八仙过海”策略是雪球和招商基金共同推出的以“行业轮动”为核心思想的策略，此外结合了大盘择时、股债转换等方案来优化风险调整后的收益。“蛋卷斗牛八仙过海”在行业选择上采用的也是趋势判断策略，只不过选的不是沪深 300 或中证 500 这类简单的宽基指数，而是从地产、高 β 沪深 300、银行、大宗商品等 8 个指数中选择 3 个。

**| 延伸阅读 9.5 |**

**中泰时钟：股市之“行业轮动”**

“行业轮动”是股市的重要特征，也是超额收益的重要来源。不同行业在不同时期的表现差异显著。在申万[①] 28 个一级行业中，取每年表现最好的 5 个行业和表现最差的 5 个行业进行比较，每年的涨跌幅都差异巨大，累计净值表现更是有天壤之别，具体如图 9.6 所示。值得一提的是，自 2010 年以来，如果每年等权持有表现最好的 5 个行业，没有一年发生亏损，由此可见行业配置在投资策略中的重要意义。

（资料来源：中泰证券李迅雷。）

---

① 申万，是指申银万国证券股份有限公司。

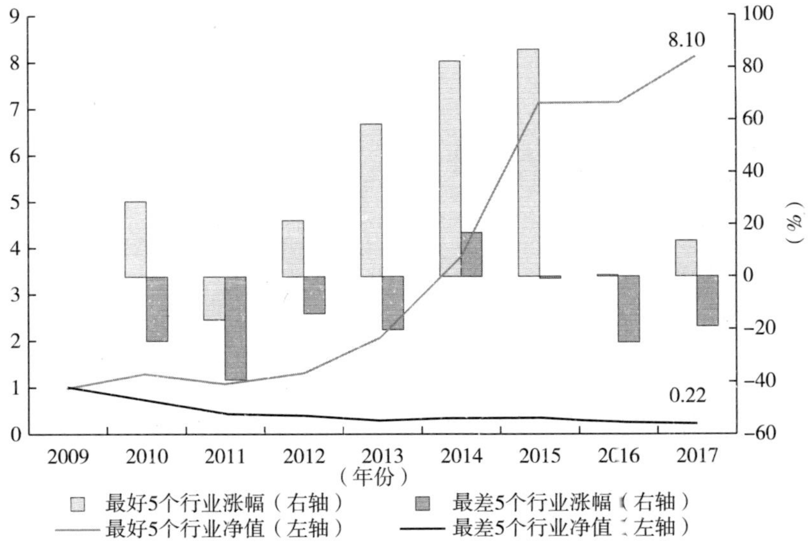


图 9.6　A 股行业表现差异显著

资料来源：中泰证券研究所。

行业配置也是投资决策过程中的重要一环。影响个股的因素繁杂，不易把握。相比之下，行业作为中观层面，一方面受宏观经济环境的影响，上下游产业间的关系以及行业自身发展的规律都有更清晰的逻辑性，另一方面在投资实践中也易于落实，因此行业配置在投资策略体系中具有“承上启下”的重要作用。

## 个基择时交易——天弘基金“Smart Money”

第四层“个基交易”旨在帮助用户解决投资个基的择时问题，择时即识别指数价格的拐点。天弘基金曾经推出基于个基择时的白盒策略“Smart Money”，该策略的主要逻辑是通过分析 A 股市场微观交易结构的变化来识别指数价格的拐点。虽然这个组合因为市场环境的变化等原因清盘，但可以作为一个案例帮助我们了解指数基金在择时交易方面的应用场景。

我们可以根据决策依据的不同，将股市的交易资金分为配置型资金、噪音交易型资金和专业交易型资金，一般而言，配置型资金的持股期限最长、交易行为的延续性最强，噪音交易型资金的持股期限最短、交易行为的延续性最弱，专业交易型资金介于这两者之间。当市场处于上涨趋势时，赚钱效应的增加会逐渐吸引噪音交易型资金，导致股票筹码逐渐转向持股期限短的投资者，从而引发市场买卖力量的逆转和上涨趋势的终结；当市场处于下跌趋势时，股市估值的下降会逐渐吸引配置型资金，从而导致股票筹码逐渐转向持股期限长的投资者，客观上对市场形成支撑，引发下跌趋势的终结。该策略的思路主要是通过观察大单买入占比的变化，推测市场微观结构的变化，从而近似找到市场上涨和下跌的拐点。

使用该策略时有两方面需要注意：一方面，该择时策略把握的是市场内生变化的规律，当市场遭受较大的外在冲击时，策略的有效性会受到影响；另一方面，对于一个量化策略，交易信号的设计依赖于市场处于某种“稳态”，当这种“稳态”发生变化时，原有策略信号的有效性也会受到影响，在不同的市场环境使用不同的信号或策略是更务实的做法。

## 组合出聪明贝塔因子——天弘基金推出“六核驱动”策略

第五层“因子重组”相对较为抽象，但基本原理就是之前提过的“β 家族”，旨在通过组合出市场 β 以外的 β 因子来获取优于普通指数的风险收益。2017 年，天弘基金推出基于低波动率因子的“六核驱动”策略。其投资标的为 6 个行业指数基金，每个指数基金在组合中的权重为其波动率 5 次方倒数的占比，意味着波动率越小的行业指数占比越大，波动率越大的行业指数占比越小。其中行业的波动率采用其过去一年收益率的标准差，再做年化处理，每4周重新确定该行业在组合中的权重。

从理论上看，低波动率因子有效是可以用行为金融来进行合理解释的。其中博彩假说认为，投资者购买高波动股票期望以小博大，因此在不完善的市场中会存在定价过高的现象，对应未来的收益就低了。而低波动率的股票有低换手率和低关注度的特征，股价往往处于被低估的状态，对应未来的收益就会较高。

**延伸阅读9.6**

**大类资产中的风格因子与聪明贝塔**

聪明贝塔作为高容量且策略公开的产品，却能长期保持其溢价，正是因为其产生溢价的基本面原理。

首先需要明确的是聪明贝塔归根结底是一种β，而不是α。那么，到底何为α？何为β？一种理解是收益来源的性质不同。

常见的收益来源可能包括以下几点：

（1）风险补偿。风险补偿是最常见的收益来源，因为投资者愿意承担更多的风险，因而得到了更多的回报。例如，海外市值因子的溢价来源于小盘股的流动性风险，股息率因子的溢价来源于周期风险，货币利差因子的溢价来源于极端的尾部风险等。

（2）结构限制与结构优势。结构限制特指部分投资者能突破其他投资者的限制。例如，低波动率因子的溢价部分来源于有些机构投资者受到杠杆的约束。

（3）信息优势。信息优势特指拥有更多信息的投资者会获得更多额外收益的机会。但该类型的收益也会因为市场逐渐有效而变得越来越微薄，直至消失殆尽。例如，行业研究中的公司调研。

（4）信息加工优势。虽然信息优势会随着市场逐渐有效而消失，但信息加工优势可以一直存在。一方面可能是投资者能发觉被市场忽视的信息，另一方面可能是投资者能够比市场更准确地处理与理解信息。例如，行业研究中的财报分析、公司战略分析等。即使所有投资者在同一时间获得完全一致的财报以及同样的公司公告，对产业格局更有经验、更能深入了解公司运营机制的分析师往往能够更准确地处理和理解信息，从而获得收益。

（5）行为金融带来的固定的定价偏差。行为金融中有很多理论都可以解释市场中的一些持续性的定价误差。例如，在各类资产中都存在的动量现象，来源于“羊群效应”，市场对信息反映过慢使股票的收益变化保持一定的趋势。股票中的质量因子也是投资者对上市公司短期优异业绩的过度反应，而低波动因子的溢价也有一部分来源于投资者对彩票式收益形态的青睐等。

上述对收益来源的分析可以帮助投资者更好地理解聪明贝塔与α的区别。

聪明贝塔是众所周知的策略形式，溢价现象长期存在且容量大。主要对应于风险补偿、结构限制及行为金融所引起的固定的定价误差，溢价并不会因为更多投资者的参与而衰减和消失。

α往往来源于尚未公开的策略，对应于短期内的定价误差，无法长期存在，且容量很小。例如，信息优势和信息加工优势这两种溢价现象，一旦更多投资者参与进来，超额收益便会逐渐消失。随着市场的越来越有效，残存在市场上的α只会越来越少，直至趋近于0。

（资料来源：海通证券冯佳睿。）

近些年来，在日常生活用品中，经常会出很多“网红”产品。它们一般有两个显著特征：第一个是性价比高；第二个是因受到大家喜爱而拥有众多购买者。从这两个特征看，指数基金无疑是投资界的“网红”产品了。从前文我们可以知道指数基金十分“接地气儿”，对个人投资者和机构投资者都非常友好，受众十分广泛，而且这些年指数基金在美国的发展可以充分证明其受到了众多投资者的喜爱。下一章我们将了解到“网红”指数基金的发展机遇。

第四部分

# 指数基金发展展望

# 第十章　指数基金剑指未来

任何事物的发展不仅要面对过去，更要面向未来。指数基金在国内已发展了 17 年，尤其是 2018 年的发展小高潮更让人好奇指数基金未来在国内究竟会怎样发展?①

## 国内指数基金发展机遇

正如前文讲到的，结合中国互联网优势特色，以及以个人为主的投资者结构，未来的中国指数基金业，或将走出一条和美国完全不同的道路。随着互联网理财的兴起、政府的推动、养老资金的入市及国际资金的进入，国内指数基金或将迎来新的发展机遇。

### 互联网机遇

以余额宝为代表的产品使互联网理财在过去几年积累了大量的

---

① 2018 年 5 月，天弘基金举办了指数基金国际研讨会，邀请到了先锋领航集团和贝莱德等国际金融机构，中证指数公司、蚂蚁金服、工商银行、银河证券等国内金融机构，以及投资界的意见领袖，共同研讨指数基金的发展方向。同时，天弘基金也通过走访上海华证指数公司总经理刘忠等对指数基金有深入研究的专家，并结合国内外专家的判断，共同总结了指数基金未来的发展方向。

用户，但随着货币基金收益率的逐步下降，投资者对权益类资产的理财需求将逐步提升。同时，在“打破刚兑”的大背景下，保本保收益的产品容量越来越小。用户要想通过理财实现财富增值，货币基金和保本保收益的产品已无法满足需求。在这种大环境下，理财用户需要面对本金有风险的现实，学会通过权益投资分享经济增长的红利，实现财富增值。但这些用户需要一种便捷、简单的工具，这或将为指数基金的发展带来新机遇。同时借助互联网和大数据分析技术，有效实现客户需求的准确挖掘和精准化营销，并通过在线投顾的方式为客户提供理财增值服务，解决目前客户投资中存在的痛点。

### 政府机遇

中国和美国指数基金发展的机遇还是有较大差异的，美国指数基金主要是借助持续的牛市和 401（k）计划发展起来的。国内资本市场还很年轻，基础市场波动大的问题可能短时间较难解决，类似于 401（k）计划的个人养老金发展机遇，是长期的方向，但短期效果可能没那么明显。如果说中国指数基金的发展机遇和哪个国家更相似，那就是日本。日本曾经也是个人投资者为主，股票市场大起大落，但经过政府资金的推动以及投资者理财知识的不断普及，日本市场已经成为体量仅次于美国的成熟市场。指数基金是稳定金融市场的有效工具，因此政府资金可以通过投资指数基金的形式来支持股市发展，比如日本央行已持有日本全国 ETF 规模的比例超 75%。同时指数基金也是政府进行国有资本管理的抓手，可以通过指数基金的形式助力国有资产管理体制由“管资产”向“管资本”转变，降低国有资本集中持股风险，提升国有资本价值转化效率，比如诚通集团定制央企结构调整指数，成立 3 只 ETF，合计募集 483 亿元。

### 养老金入市机遇

这是长期机遇，养老金入市将提供长期稳定的机构资金来源，这部分资金有望形成市场的“压舱石”。且长期资金对基金的费率成本更加敏感，因此会偏向成本更低的指数基金。同时伴随着商业养老第三支柱的逐步建立，未来也会有更多的增量资金进入指数基金，如以目标日期基金等形式的养老资产会采用 FOF 的方式投资。指数基金的低费率、透明化等特点都使其成为养老组合以及 FOF 组合的优良底层配置资产。

**延伸阅读 10.1**

**指数基金发展展望**

随着资管新规落地，在产品“净值化管理”、养老金等长期资金入市、智能投顾与组合投资兴起等大背景下，社会财富管理需求的升级和资产管理规模的膨胀推动投资范畴逐步完备，多元化资产、全球化市场、立体化交易成为必然趋势。这种局势下，能够提供“多市场、多资产、多策略”配置元素且具备高透明、低费率、简单便捷等优势的指数基金将成为投资者的主流选择，指数基金发展将迎来历史性机遇。展望未来，我们认为 A 股市场指数化程度将进一步提高。一方面，指数基金布局将进一步细化，当前宽基指数布局趋于完善，行业和主题指数基金继续精耕细作，为指数工具使用者提供越来越丰富的配置选择。另一方面，具有跨境配置概念的标的指数将是指数基金的产品布局重点，随着投资者跨境投资和配置需求的增加，借助港股通、QDII 等通道业务构建的指数工具，因其交易便利性和组合透明性，势必会得到投资者的青睐，这也将进一步拓展指数工具市场的宽度，增加指数基金应用的维度。此外，指数增强基金将成为指数业务新的增长点。相比于纯被动型指数基金依赖的先发优势，指数增强基金则更看重投资绩效，可控跟踪误差下较高的超额收益是产品最大的吸引力。可以预见，随着专业分工的细化和工具布局的完善，工具提供业务将成为公募基金投资业务之后的第二项重要业务，而指数增强基金和纯被动型指数基金也将进一步分化，两者都是指数业务不可或缺的方向。

（资料来源：中信证券研究部总监、量化策略与资产配置团队负责人赵文荣。）

### 国际资金机遇

随着国际资金的进入，比如沪港通、深港通、债券通、沪伦通等，指数基金也将迎来发展机遇。低成本的指数基金符合境外机构投资者的配置需求和投资理念，这一投资理念也会逐步在境内机构投资者中形成示范效应。而且成熟机构投资者的进入将进一步增强A股市场的有效性，超额收益将会更难获得。且随着A股纳入明晟（MSCI）、富时（FTSE）等国际指数后，也会向国内投资者普及指数基金的知识。

## 国内指数基金产品创新方向

国内指数发展至今，虽然规模占比不如国外，但在品种上一直努力创新，未来可能会继续在以下领域有所突破。

### 跨境和跨地区产品

政策的逐步开放，可能会带动更多跨境和跨地区指数型产品的成立。随着经济迅猛发展，中国正逐渐成为全球经济中举足轻重的参与者，互联互通的顺利实施，使中国资本市场的国际化道路取得了阶段性进展。自从沪港通和深港通正式启动以来，内地投资者显示出极高的跨境投资热情，境外产品和跨境产品的发行数量也不断创新高，这是未来持续创新的方向之一。

### 细分行业与主题

随着我国经济的不断发展，将会出现进一步细分的行业与主题指数基金。我国目前仍处在经济转型阶段，整个行业结构体系并不如发达国家稳定和完善。随着经济和行业结构的进一步发展，也许会出现更加细分的行业基金。主题指数基金是 A 股市场的一大特色，随着国家对新兴行业、新兴业态甚至传统行业新兴模式的支持和鼓励政策的不断出台，通过挑选行业中具备新兴业态和新兴模式的上市公司，可以为目前 A 股的投资者甚至海外投资者提供新的投资标的。

**| 延伸阅读 10.2 |**

**指数基金发展展望**

指数基金是未来最有发展潜力的基金品种之一，它是非常好的投资工具。其实指数基金的未来，欧美等市场已经给出了发展方向。未来会有两个趋势。一个是像沪深 300、中证 500 等主流的宽基指数基金，规模会比现在增大不少，同时基金的管理费率等也会大幅下降。这类指数基金规则简单清晰，市场也不需要太多的品种。最后可能会有几只规模特别大的沪深 300 和中证 500 指数基金，成为市场的主力。因为大家都相差不大，所以追踪误差最小、费率最低的指数基金，会更有优势。

另一个是会增加很多细分的行业指数基金以及策略指数基金品

种。这些品种会极大地丰富投资者的选择面。如果投资者看好一个细分行业，或者看好某一类股票，都可以找到对应的指数基金来投资。例如看好贵金属股票，可以找到贵金属行业的指数基金；看好高分红的股票，可以找到红利类的指数基金。这些细分品种，可能单只的规模没有沪深300、中证500那么大，但是品种未来会从现在的三四百只增长到千只以上，丰富投资者的选择面。不过细分品种的市场需求有限，所以通常一个细分品种只需要一个产品，哪家基金公司先推出了产品，就会有比较大的先发优势。

国内的指数基金发展了十几年，还在起步阶段。所有的指数基金，截至2018年年底，总规模也只有5 000亿~5 500亿元。与A股同期37万亿左右的流通市值相比，只有1.48%的股票被指数基金持有。

未来指数基金的总规模会比现在增长几十倍，持有股票的比例也会提升到20%~30%。这可能需要很长时间，但是这一天终会到来。

（资料来源：雪球意见领袖银行螺丝钉。）

## 债券、商品和资产配置类产品

债券、商品和资产配置类指数基金将随着市场和制度的不断完善而出现。现在股票型指数基金占大多数，债券和商品类占比较低，资产配置类还是市场空白，但相信未来随着市场的进一步发展，这些产品将逐步出现，进一步丰富国内指数基金的产品种类。

**| 延伸阅读10.3 |**

**我国ETF具有广阔的发展前景**

指数化投资在A股市场上并非新生事物，从2002年第一只指数基金成立，到现在已经过了 17 个年头。其间指数基金发展几经起伏，既经历了 2009、2015 年的两次发展高峰，也有波峰过后的行业低迷期。我国指数产品在发展过程中日益丰富，产品形式从普通指数基金扩展到了 ETF、LOF、分级基金，资产类别从权益类拓展到了固定收益类、商品类等，资产范围从 A 股扩展到了港股、美股、欧洲市场。2018 年以来，指数产品规模特别是宽基 ETF 规模逆势大幅扩张，指数基金再次成为市场关注焦点。

我国指数基金经过十余年发展，目前已迎来了关键节点，我们认为其未来发展将呈现三大特点：

第一，未来 ETF 将是主要的指数产品形式，具有广阔的发展前景。这与 ETF 跟踪误差低、费率低廉、交易便利、结构稳定等优点密切相关。银行理财子公司的陆续成立，将会进一步增加 ETF 的市场需求，ETF 作为核心产品形式的地位将继续得到巩固。随着中国资本市场机构投资者队伍的不断壮大，指数化投资理念的进一步普及，投资者对指数产品的配置需求将进一步增加。

第二，宽基 ETF 竞争版图已基本成形，未来将形成以宽基 ETF 为主，行业指数、聪明贝塔指数产品并举的局面，特别是聪明贝塔指数产品将是各家公募基金指数产品创新重点。沪深 300 等宽基指数产品作为核心资产，在资产配置中的应用将更加广泛；而行业指数产品作为卫星资产，将满足投资者进一步的收益增强配置需求；聪明贝塔指数产品因其更优的收益风险比，也将更好地满足专业机构投资者的配置需求。

第三，随着资产配置需求的增加，固定收益类、商品类 ETF 作为便利的投资工具，同样具有广阔的发展前景。固定收益类 ETF 通过跟踪“一篮子”固定收益，为投资者提供了风险分散、流动性好的固定收益投资工具，特别是降低了个人投资者参与固定收益投资的门槛。而商品资产作为股票、固定收益的重要补充，在资产配置需求的助推下也将显得愈加重要，投资者通过商品 ETF 能够更便捷地参与商品投资，有利于提高资产配置的效率。

（资料来源：申万宏源研究所董事总经理、金融工程部总监、首席分析师杨国平。）

## 聪明贝塔产品

聪明贝塔产品将继续发展。如果说机构想与竞争对手保持差异化，聪明贝塔是一个选择，这是从国外量化投资的视角出发，类似于增强的一种策略。另一条路是相对新的领域——ESG 指数基金（详细内容见下一小节）。

近年来，以聪明贝塔为代表的因子投资备受国内外市场关注，已经成为资产管理领域非常重要的理念之一。国内市场在因子被动产品方面发展较为缓慢，除了早期的风格和基本面指数产品外，鲜有其他因子类产品问世。近期行业中性低波和红利低波的相关指数产品逐渐得到授权和被发行，这开启了国内因子投资和因子产品发展的新征程。预计未来因子超市、基于大类资产的因子配置和单一资产内的更具投资性的多因子模型会有较快发展。

## ESG 绿色投资

ESG 指数基金是绿色投资方向的创新。和环保概念不同，ESG 是一套新的筛选标准，即以环境、社会和公司治理，包括信息披露、评估评级和投资指引三个方面来评估，是社会责任投资的基础，可能将来每个符合标准的上市公司，都会被打上 ESG 标签。从国外来看，大机构选择的股票池，客户常常会要求满足一定的标准。如果股票不符合这样的标准就无法进入指数基金的编制标的。

随着社保基金、养老基金投资力度的加大，绿色金融也是未来发展方向之一。从国外来看，绿色投资可能更多是一个价值观，为了人类的可持续发展，倡导企业坚守其社会责任。但在国内，ESG 可能更多是关注企业的公司治理，有问题的企业可能会被剔除，并被罚到退市。再比如股权激励、回购行为、研发投入问题，这些因素会被综合考虑以构建适合中国的 ESG 标准，这样构建出来的指数基金在国内或将有一定的投资价值。

## 指数基金的行业呼吁

从国外的指数基金发展史我们可以清晰地看到，学术界的理论奠基，以及那些知名大师及其学生的不断实践，对指数基金的发展有着至关重要的作用。在探索中，有失败的沮丧，也有成功的喜悦，有灰心到认为自己再没有能力重新开始的无助，也有坚持正确方向时的毅然决然。在国内，指数基金还处于发展的初级阶段，正像一个刚刚破土而出的小树苗，还需要不断长大、成熟。希望国内的学术界，尤其是高校师生更加关注指数基金，结合中国的国情，探索出更好的理论和实践的方向。希望有更多的证券从业人员，更深入地理解指数基金的前世今生、内涵外延，并将正确的投资理念、合适的工具化产品介绍给投资者，做好投资者教育。希望有更多个人投资者，认识和了解指数基金，借助指数基金，实现自己的财富增值之梦。